Sigi Domke
Wat ne Gegend!

Überlebensratgeber Ruhrgebiet

Mit Illustrationen von Michael Hüter

Henselowsky
Boschmann

Sigi Domke
Jahrgang 1957; übt den seltenen Beruf des Ruhrgebietskomödien-Schreibers aus und hat überhaupt dem alten Ruhrpott mit seinen Typen und seiner schnodderigen Sprache viel an Inspiration zu verdanken. Als Co-Autor für die Kunstfigur Herbert Knebel ist er mitverantwortlich für die Witzdichte des Knebel-Humors; mit »Die Koplecks in: Freunde der italienischen Oper« hat er die Mutter aller Ruhri-Komödien geschrieben und danach noch viele Kinder. Sigi Domke ist ebenfalls Autor der Bücher »Die Koplecks in: Freunde der italienischen Oper« und »Wie sieht denn die Omma aus?! Märchen und andere Klassiker nacherzählt fürs Ruhrgebiet« und – gemeinsam mit Michael Hüter – »Helden sind immer die anderen«. Sigi Domke widmet dieses Buch Mareike, Ulla und Erika.

Michael Hüter
Geboren 1962 in Rheinhausen; arbeitet als Illustrator und Karikaturist für Zeitungen, Zeitschriften, verschiedene Institutionen … und besonders gern für einen bekannten regionalen Literaturversorger. Ist mit einer Wattenscheiderin verheiratet, hat zwei Söhne, lebt in Wattenscheid und bereist ansonsten beruflich wie privat das Ruhrgebiet und große Teile Europas. Ist Schriftführer seiner Siedlergemeinschaft, beackert unter Anleitung seiner Frau den Garten und verbringt große Teile seiner kargen Freizeit segelnd in Holland oder als einfacher »miles gregarius« der LEGIO VI VICTRIX. Michael Hüter ist Autor und Illustrator von »Nix wie Höhepunkte. 12 Expeditionen zu den Gipfeln des Ruhrgebiets«.

© Verlag Henselowsky Boschmann
Bücher vonne Ruhr
Schützenstraße 31, 46236 Bottrop
post@vonneruhr.de
www.vonneruhr.de
2. Auflage 2015
ISBN 978-3-942094-42-9
Herstellung: Westermann Druck Zwickau GmbH

Inhaltsverzeichnis

Vorwort

Liebe Ruhris,

dieses Vorwort richtet sich an euch, denn in diesem Buch geht es nicht zuletzt um euch und um das Fleckchen Welt, das ihr euer Zuhause nennt: das Ruhrgebiet – altmodisch: der »Ruhrpott«, neumodisch: die »Metropole Ruhr«. Hier lebt ihr jetzt seit vielen Jahren, sonst dürftet ihr euch ja gar nicht »Ruhri« nennen, und da ist vieles, was es hier so an Besonderheiten gibt, für euch eine Selbstverständlichkeit, über die ihr gar nicht groß nachdenkt.

Jetzt kommt es aber gar nicht so selten vor, dass Menschen aus anderen Teilen der Welt hier zu Besuch sind, zum Beispiel aus dem Sauerland. Für die sind jedoch die Besonderheiten ganz und gar nicht selbstverständlich, im Gegenteil: Die können da richtig Probleme mit haben, unter Umständen auf Kosten der Gesundheit, und manch ein nichts ahnender Sauerländer hat vielleicht sogar sein Leben lassen müssen, weil er mit den Eigenarten der Region so gar nicht vertraut war und zum Beispiel in einen Tagesbruch gefallen ist.

Ich finde, als gastfreundliches Völkchen können wir da nicht einfach drüber hinweggehen. Da müssen wir stattdessen was tun, damit die Leute, und nicht nur die Sauerländer, hier zurechtkommen und vielleicht sogar mal wiederkommen, weil die denken: »Ein komischer Stamm, die Ruhris! Und erst deren Besonderheiten! Aber hilfsbereit sind se!«

In diesem Buch findet ihr also Tipps, die ihr dem Besuch im Vorfeld oder wenn ihr dem im Revier über den Weg lauft, mit auf den Weg geben könnt, damit für die hier alles tacko ist, wie man so schön sagt.

Aber natürlich kann dieses Buch auch direkt und ohne den Ruhri-Umweg von einem Auswärtigen studiert werden, als lebenswichtige Vorbereitung auf einen Abstecher oder gar Daueraufenthalt im Revier.

Liebe Ruhris,

viele der hier beschriebenen Gegebenheiten kennt ihr vermutlich aus eigener Erfahrung, aber das Wiedererkennen kann auch Freude bereiten oder etwas Tröstliches haben! Und vielleicht kommt ihr sogar selbst mal darüber ins Nachdenken, wie wir hier leben und was das Besondere daran ist, und manchmal ist das Besondere toll und manchmal … na ja … Und das Ganze ist natürlich nicht immer so ganz ernst gemeint, aber ein bisschen schon!

Viel Spaß wünscht der Schreiber, Sigi Domke

Vorwort

Achtung Sicherheitshinweis!
Sehr geehrte Damen und Herren, liebe Kinder,
verehrte Besucher und Zugezogene, liebe Ruhris!
Ich bitte um Ihre Aufmerksamkeit!
Hier spricht Ihr Illustrator. Bitte bleiben Sie ruhig,
befolgen Sie zu Ihrer eigenen Sicherheit unbedingt
die gegenüberliegenden Anweisungen und freund-
lichen Hinweise des Kapitäns.
Unser Ruhrgebiet ist im Prinzip sicher. Verglichen
mit der Oberfläche des Merkur, mit einer Atlantik-
überquerung im Schlauchboot oder einigen Stadt-
teilen von Düsseldorf ist es sogar totsicher. Aber
ehrlich, wie wir nun mal sind, gestehen wir Ihnen:
Es gibt hier bei uns (kleinere) Widrigkeiten. Möchten Sie also den Dampfer Ruhrgebiet für sich und
Ihre Gäste von auswärts – um im Bild zu bleiben
– garantiert unsinkbar machen, dann sollte Sie dieses kleine, handliche Brevier als Rettungsweste mit
sich führen.
Der Kapitän und ich wünschen Ihnen allen einen
angenehmen Aufenthalt in der Gegend.
Michael Hüter, Karikaturist

Orientierung im Ruhrgebiet

Liebe Ruhris, zuerst möchte ich euch mit einem Problem konfrontieren, das Auswärtige in unserer Region haben können, wo ihr bestimmt denkt, was soll das?! Wie kann man damit ein Problem haben?! Ja, das ist aber eben nur aus eurer beschränkten Warte heraus gedacht kein Problem. Ihr kennt ja oft nur das Ruhrgebiet, sonst wärt ihr ja wahrscheinlich nicht mehr hier. – Ja, das war jetzt ein Scherz!

Natürlich will man als Ruhri sowieso nirgendwo anders hin, selbst wenn man sich den schönsten Ort auf der Welt aussuchen könnte, weil … tja … Es wird schon einen Grund haben.

Kein Problem, aber irgendwie doch eins

Jedenfalls, wenn ihr hier unterwegs seid, dann wisst ihr, irgendwo hört eine Stadt wie Oberhausen auf, und direkt dahinter fängt Essen an, ganz ohne Übergang. Und an anderen Ecken von Oberhausen fängt Mülheim an oder Duisburg. Und da habt ihr noch nie ein Problem drin gesehen, weil, für euch ist das hier ja alles eine Metropole, auch wenn ihr nicht genau wisst, was das ist, weil ihr noch nie in New York wart.

Aber selbst, wenn ihr das Wort noch nie gehört habt, auch nicht im Jahr 2010 – was praktisch nicht möglich ist, es sei denn, ihr lagt da gerade im Koma –, dann habt ihr trotzdem kein Problem damit, weil, für euch ist das ja wirklich ein großes Dingen, wo jede Stadt ihre schäbigen Ecken hat, die alle gleich aussehen, und auch ein paar schöne, und wo es überall Pommes-Currywurst gibt und Döner, wo überall die Stadtsäckel leer und dementsprechend die Straßen schlecht sind, die Bade-Anstalten zu, die Büchereien auch, die Theater auch … bald, und wo du aber überall auf andere Ruhris triffst, mit denen du dich sofort ohne Probleme verständigen kannst, egal, wo einer ursprünglich herkommt, weil so viel Gemeinsames eben verbindet.

Das trifft sogar noch zu, wenn ihr euch nicht in Oberhausen, sondern in Oberbayern über den Weg lauft, vielleicht da sogar besonders. In einer völlig fremden Kultur vereint das Gemeinsame ja noch stärker. Wobei ich nicht weiß, was ihr in Oberbayern verloren habt, aber das müsst ihr mit euch selbst ausmachen.

Jedenfalls macht euch das keinen Stress, wenn ihr von Oberhausen aus nach Mülheim rüberwechselt oder andersrum. Viele von euch machen das dauernd, sonst wär ja nicht so viel Verkehr.

Lemgo ist anders

Aber für einen Auswärtigen stellt sich die Sache ganz anders dar. Der kennt das so ja nicht. Der kommt vielleicht aus Lemgo, und für einen aus Lemgo ist immer klar, wo die Stadt anfängt, weil, drum herum ist ja nix. Jedenfalls keine andere Stadt. Da kann man noch so beschickert sein, man weiß zumindest immer, dass man in Lemgo ist, solange man Häuser sieht, und irgendwann wird man auch die eigene Haustür finden. Ja, weil man sich gut orientieren kann. Weil es da Vororte und ein Zentrum gibt und eine Altstadt. All das gibt es ja im Ruhrgebiet nicht, jedenfalls nichts, was sich, ohne rot zu werden, so nennen darf. Da gibt es nur Häuser und Straßen.

Verirrungen

Und wenn jetzt der Lemgoer in Oberhausen rumlatscht, was weiß ich, als Tourist – wobei sich da natürlich die Frage aufdrängt, warum der nicht lieber nach Oberbayern gefahren ist –, wenn der also in Oberhausen rumlatscht, dann bringt den das vermutlich völlig aus dem Konzept, wenn der mitkriegt, dass die Stadt zwar keine Altstadt hat, aber dafür zwei Mitten, eine alte und eine neue, und dass die neue aber gar nicht in der Mitte ist.

Und dann latscht der und latscht und latscht, um mal was Anständiges zu sehen, und denkt, er wäre immer noch in Oberhausen, weil die Stadt ja nicht aufgehört hat, ist aber vielleicht längst in Essen, und wenn er nicht aufpasst schnell auch in Gelsenkirchen; und von dort musst du erst mal wieder wegkommen! Da kann man natürlich ruck, zuck nicht mal mehr ansatzweise wissen, wo man ist, und wenn man dann in Gelsenkirchen nach der Sowiesostraße fragt, die es aber nur in Oberhausen gibt oder vielleicht noch in Gladbeck, Bochum und Dortmund-Aplerbeck, dann kriegt man entweder keine Auskunft, oder – was wahrscheinlicher ist – eine falsche, und wenn man dann erst mal in Dortmund-Aplerbeck gestrandet ist, dann ist es bald einfacher, von da nach Lemgo zurückzufinden als wieder nach Oberhausen.

Und das ist auch der Grund, warum immer mehr Verwahrloste aufgegriffen werden, die als Touri gekommen sind und sich dann völlig verfranst haben.

Was kann man da tun? Wichtig ist, Orientierungsmöglichkeiten zu geben. Jetzt können wir aber nicht bis zum Sankt-Nimmerleins-Tag darauf warten, dass die Metropolen-Städte sich auf eine flächendeckende Auswärtigen-freundliche Beschilderung verständigen, wo sowas draufsteht, wie: »Achtung, noch seid ihr in Oberhausen, aber nicht mehr lange!« Deshalb müssen wir als Ruhris selber initiativ werden, wie man so schön sagt.

Wenn wir also in der Stadt mit den zwei Mitten unterwegs sind und Fremde sehen, dann sollten wir denen ein freundliches »Oberhausen« zurufen, und zwar möglichst ungefragt, denn die Hemmschwelle, aktiv zu fragen, wo zum Teufel man ist, ist für einen verwahrlosten Touri schon ziemlich groß.

Wenn das mit dem Zurufen alle machen, dann entsteht so ein »Oberhausen«-Klangteppich, der dann vielleicht ein bisschen nach Mülheim rüberlappt, wenn man die Stadtgrenze passiert, aber dann klingt es eben schnell nach Mülheim. Das wäre mal ein Service! Und ich glaube, damit könnten wir international endlich mal richtig was erregen, zum Beispiel Aufmerksamkeit. Weil, sowas hat sonst nun wirklich keiner!

Autofahren im Ruhrgebiet

Liebe Ruhris, wenn ihr Autofahrer seid, kennt ihr alle den Fall, dass ihr im Ruhrgebiet von A nach B wollt. Das lässt sich ja nicht immer vermeiden, auch wenn man sich das noch so sehr wünscht.

Machen wir es mal konkret, sagen wir mal, ihr wollt von Essen nach Wanne-Eickel. Ja, das ist das Städtchen, zu dem auch Herne gehört! Wenn ihr also zum ersten Mal nach Wanne fahrt, was hier bei ungefähr 95 Prozent der Bevölkerung der Fall sein dürfte, und wenn ihr so ein bisschen altmodisch seid, dann guckt ihr vorher auf den Plan, wo ihr herfahren könnt, um da hinzukommen, und schätzt mal eben übern Daumen, wie lange das wohl normalerweise dauert, und dann kommt ihr ungefähr auf eine halbe Stunde. Wenn ihr technisch auf dem aktuellen Stand seid, dann sagt euer Navi euch dasselbe. Und dann fahrt ihr rechtzeitig los, das heißt, ungefähr zwei Stunden vor der normalen Abfahrtzeit. Denn ihr wisst ja, so gut wie alle Wege führen über die A40, und sobald ihr da auffahrt, steht ihr wieder, und für die folgende Autobahnstrecke würde es auch reichen, wenn euer Fahrzeug lediglich einen Gang hätte, und zwar den ersten.

Das ist normal, das kennt hier jeder. Das nimmt man mit stoischer Gelassenheit zur Kenntnis. Wenn man stattdessen mit einem Herzinfarkt reagiert, ist man vermutlich ein Zugereister, der sich noch nicht ausreichend akklimatisiert hat, oder man ist ein komplett Auswärtiger auf Besuch. Der echte Ruhri lässt sich durch Stillstand nicht aus der Ruhe bringen, denn den gibt es ja hier auf allen Ebenen.

Ruhri-Strategie

Ihr macht es euch also gemütlich im Auto im Stau, hört vielleicht die Staunachrichten, um zu gucken, ob ihr mit eurem Zwei-Stunden-Puffer wirklich auf der sicheren Seite seid, wechselt mal aus Spaß von der rechten auf die linke Spur, um zu gucken, ob es da noch langsamer geht, und bohrt ansonsten in der Nase. Alles kein Problem! Irgendwann löst sich so ein Stau ja auf, es sei denn, es hat geschneit. Dann nicht. Aber in der Regel habt ihr tatsächlich irgendwann die Abfahrt erreicht, dann fahrt ihr ab und von da auch mal wieder im zweiten Gang. Und meistens klappt das ja mit der Pufferzeit, und ihr kommt entspannt in Wanne an. Es ist ja auch nix stressiger als rasen auf deutschen Autobahnen. Vielleicht habt ihr noch eine interessante Sendung im Radio gehört, habt was dazugelernt oder habt eure Lieblings-mucke aufgelegt, vermutlich »Highway to hell« von AC/DC. Sicher, ihr müsst auch wieder zurück, und mit dem entsprechenden Puffer und der eigentlichen Fahr-zeit sind das dann insgesamt mal locker fünf Stunden, die man an so einem Tag übrig haben muss, nur um nach Wanne zu kommen und wieder nach Hause. Da überlegt man sich das wahrscheinlich zweimal. Oder man fährt erst gar nicht und hat schön fünf Stunden Freizeit.

Keine Strategie

Bei all dem müsst ihr allerdings immer bedenken: Das trifft eben nur auf euch Ruhris zu. Der Ortsfremde hat vielleicht mal gehört, dass es hier viele Staus geben soll, aber der hat sich doch nie und nimmer vorstellen kön-nen, was das in der Realität bedeutet. »Puffer« heißt für den: fünf Minuten. So kennt der das aus Friesland, dem Bayerischen Wald, aus dem Osten oder wo auch im-mer der herkommen mag. Und dementsprechend spät fährt der los, um von Essen nach Wanne zu kommen. Was einer aus dem Osten in Wanne-Eickel verloren hat, soll uns hier nicht weiter interessieren. Vielleicht will er in den »Mondpalast«. Oder er will mal gucken,

wie es bei ihm zu DDR-Zeiten ausgesehen hat. Da bie-ten sich allerdings auch viele andere Ruhrgebietsecken an. Jedenfalls will er nach Wanne. Und der wundert sich natürlich, wenn er auf der Schnellstraße lediglich steht oder schleicht. Es bleibt aber nicht beim Wun-dern, sondern da ist direkt Hektik angesagt, weil der Fünf-Minuten-Puffer schon verpufft ist, wenn er gerade mal aufgefahren ist auf die Bahn. Das alles gilt natür-lich auch für sie, also die ortsfremde Frau.

Panikreaktion

Ja, guckt euch mal um, wenn ihr bei uns im Stau steht. Da könnt ihr sehr schön beobachten, wie der Fremde irgendwann anfängt, nervös zu werden, zu fluchen, zu hyperventilieren und Panik zu kriegen. Und das sind dann die, die auch im ersten Gang drängeln und mit der Lichthupe zugange sind.

Und irgendwann verlieren die dermaßen die Nerven, dass die denken, die würden besser vorwärts kommen, wenn sie ne Nebenstrecke nach Wanne fahren würden. Da haben die aber die Rechnung ohne den Wirt ge-macht! Der Wirt zeigt sich bei uns, das weiß hier ja jeder, gern in Gestalt von Straßenschäden oder alter-nativ dazu als Baustelle ohne, aber immer öfter auch mit Vollsperrung. Und da steht er dann, der aus dem Osten, und sein Navi sagt ihm, dass er geradeaus fahren soll, aber da ist komplett dicht. Manche machen dann den Fehler und warten da. Ja, weil die denken, so eine Baustelle, das kann ja nicht ewig dauern. Aber genau das ist im Ruhrgebiet immer häufiger der Fall: Ewigkeitsbaustellen. Früher haben die für die Ewigkeit gebaut, zum Beispiel den Essener Dom, heute haben wir hier eben ewige Baustellen.

Manche Baustellen gibt es so ewig, das kennen die Anwohner gar nicht mehr anders. Und wenn eine dann tatsächlich mal aufgehoben wird, kommt es oft zu Unfällen. Da rechnet ja keiner mehr mit Verkehr vor der Haustür.

Na ja, und was die Wartenden anbelangt, irgendwann hat auch der netteste Baustellenanwohner keine Lust mehr, dem Gestrandeten eine Frikadelle oder einen Döner zu bringen, damit der da überlebt, auch wenn die Hilfsbereitschaft von uns Ruhris noch so groß ist. Irgendwann ist Feierabend. Und dann kommt es eben auch schon mal zu Amokfahrten von völlig unterzuckerten Auswärtigen.

Und soweit, liebe Ruhris, sollte es nicht kommen! Wenn ihr in Wanne wohnt, jetzt nur als Beispiel, und ihr kriegt Besuch aus dem Osten, warum auch immer, dann erklärt denen im Vorfeld, was hier ein angemessener Puffer ist! Die sollen Zeit mitbringen! Für einen Tag braucht hier keiner aufzulaufen. Da kommt der unter Umständen nirgendwo hin. Und die sollen auf keinen Fall Nebenstrecken fahren wollen! Die enden alle im Nirvana. Und falls das doch mal passiert, und es kommen immer mehr Bodenwellen, dann ist das keine Verkehrsberuhigung, wo man mit fuffzich locker durchkommt. Das ist einfach eine typische Ruhrgebiets-Huckelpiste, wo neben Wellen auch Schlaglöcher vorkommen, so tief und breit wie Särge. Da ist Schritttempo angesagt! Wenn man Fußgänger überholt, ist man wahrscheinlich schon zu schnell.

Dann sollen die Proviant mitbringen für auf jeden Fall mehrere Tage, damit die auch bei plötzlichem Wintereinbruch überleben können! Mit Graupel und erst recht Schnee tun sich die Autofahrer hier schwer. Deshalb hat man besser auch immer einen Generator mit anschließbarer Heizung im Gepäck und ein Rätselheft für zum Zeitvertreib.

Dann sollen die möglichst vor der Fahrt eine frische Autobatterie einbauen, denn eine alte ist schnell leer hier im Stau, und dann bleibt die Kiste stehen, und die Schlange wird noch länger!

Wichtig sind auch Fotos vom Partner und den Kindern, falls man mal die Hoffnung verliert oder beim langen Warten vergisst, wie die aussehen. Und am wichtigsten ist, die sollen viel Galgenhumor mitbringen! Ohne den geht bei uns auf den Straßen gar nix!

Erfahrungsbericht

»Wie doof is dat denn?!«
Ich stehe vor einer Autobahnauffahrt und stelle den Motor ab. Die Auffahrt ist dicht, einfach so, ohne dass man irgendwie vorgewarnt worden wäre. Zumindest habe ich nix in der Richtung gesehen. Man kann ja auch nicht auf jedes popelige Schild achten im Straßenverkehr, man muss sich ja erst mal aufs Fahren konzentrieren.
»Ich glaub, da stand nix«, sage ich mir und rege mich direkt noch mehr auf.
Aber dann höre ich auf einmal so ganz ruhige und zuversichtliche Wörter in mir drin:
»Sigi, du bis en alten Ruhrpott-Hase! Du lässt dich doch nich vonner zuen Auffahrt provozieren. Sowat bis du doch gewohnt. Dat is doch hier Alltach. Wenne jetz en Auswärtigen wärs, dann wär heikel. Bisse aber nich!«
Ich hole tief Luft und schaue mich nach einem Umleitungsschild um. Nix, null Schild! Zumindest ist wieder nix zu entdecken; was mich direkt wieder so ein bisschen aufregt.

Dann gucke ich auf mein Navi. Es sagt mir, dass ich hier auf die Autobahn auffahren soll.
»Geht aber nich, du Blödmann!«, sage ich, obwohl es von der Stimme her eher eine Blödfrau ist.
»Und jetz?!«
Keine Reaktion vom Navi.
Ich kann das Ding sowieso nicht ab. Früher, wie ich nur nach Karte gefahren bin, habe ich immer alles gefunden. Vielleicht, dass ich ein- oder zweimal was nicht gefunden habe und wieder nach Hause gefahren bin, oder höchstens dreimal. Aber sonst? Immer alles gefunden! Mit Navi auch, aber die Nerven waren anschließend immer fratze.
»Häh, wo soll ich abbiegen?! Hier?! Ach nee, wär eine weiter gewesen. Scheiße!«
Und dann immer dieses völlige Unverständnis, wenn man mal woanders herfahren möchte, als wie der hohe Herr beziehungsweise die hohe Dame sich das ausgedacht hat.
»Bitte wenden!«
»Bitte wenden!«
»Bitte wenden!«
Nervig!

»Weiße wat, Sigi, nimmse einfach die nächste Autobahnauffahrt!«, sage ich zu mir.

Mein spontaner Plan ist, mich mit meinem untrüglichen Ruhrpottinstinkt irgendwie an der Trasse entlangzutasten, und irgendwann wird das Navi dann schon kapieren, was geschossen wird, und mir sagen, wie es weitergeht. Ich lasse die Mühle wieder an, fahre los und fahre erst mal unter der Autobahn drunter her.

»Bitte wenden!«, sagt das Navi.

Ich fahre weiter, stur den Blick auf die Autobahn gepinnt.

Auf einer Wiese vor einem Gartenzaun bleibe ich stehen. Wie kann man hier wohnen?!, denke ich, so nah anner Autobahn! Und dann noch mitten im Weg!

Ich setze die Karre vollgas zurück bis zum Bürgersteig vor der Straße.

»Bitte wenden!«, sagt das Navi.

Ich zeige ihm einen Vogel, was ein Fußgänger, der mich bei seiner Latscherei beinahe übersehen hätte, auf sich bezieht. Ey, dass die Leute sich direkt immer so aufregen müssen! Das regt mich auf!

Aber ich reagiere da gar nicht auf den seinen Stinkefinger, setze die Kiste weiter zurück auf die Straße, kriege noch mit, wie er gegen meinen Kotflügel wämst, und fahre mit quietschenden Reifen in eine Richtung, wo ich so beim Quietschen fühle, die ist bestimmt falsch, die Richtung! Aber da geht eben die scheiß Straße hin.

»Bitte wenden!«

Ich gucke das Navi mit einem fiesen Blick an, folge dann einer abknickenden Vorfahrt, die direkt nochmal abknickt und nochmal und nochmal, bis sie völlig verknickt ist. Jetzt fühle ich überhaupt keine Richtung mehr, nicht mal die falsche. Und das als Ruhrgebietler auf quasi eigenem Grund und Boden! Unfassbar! Ich halte an, steige aus und versuche mich an der Sonne zu orientieren, aber der Lorenz hat sich hinter einem össeligen Ruhrgebietshimmel verkrochen, der aussieht wie zu seinen besten Zeiten in den fuffziger Jahren.

Ich gucke auf meine Armbanduhr. Noch eine Viertelstunde bis zu meinem Termin, der sowas von wichtig ist, das glaubt man gar nicht. Obwohl, sowas ist ja auch alles relativ. Ich versuche mir vorzustellen, dass mich so ein kolumbianisches Killerkommando verfolgt, ja, um den Termin so ein bisschen in seiner Wichtigkeit herunterzuspielen. Zu der Gegend würde das mit den Killern voll passen. Mit Panik im Nacken drehe ich mich um, besonders, weil gerade ein Schuss fällt. Aber dann ist es nur ein geplatzter Fahrradreifen gewesen.

»Ich glaub, ich krich en Knall!«, sagt der Fahrradfahrer.

Was ja eine richtig passende Bemerkung ist in dem Fall. Nur das Tempus stimmt nicht, weil, der Knall war ja schon. Und dann dengelt er mit seinem Fuß ein paar Glasscherben in die Straßenmitte, damit sie da besser liegen.

Ich steige wieder ein und bin, wie so oft, froh, dass ich kein Handy habe. Wenn ich jetzt den Typen, mit dem ich den Termin habe, auch noch anrufen würde, täte mich das ja noch mehr Zeit kosten. Dann fahre ich weiter.

»Bitte wenden!«, sagt das Navi.

Ich fange an, richtig Brass auf das scheiß Ding zu kriegen.

»Halt die Klappe, du NSA-Agent!«, bölke ich.

Dann versuche ich, mich wieder aufzubauen: Du bis im Ruhrpott, Sigi! Da is eine Autobahn anner anderen. Da triffse alle naselang auf en Hinweisschild! A 40, A 42, A 43, A 3 … Und wenne ersma auf irgendner Autobahn bis, die du ja alle wie deine Westentasche kenns, dann kann ja nix mehr passieren. Et sei denn, die Abfahrten sind alle dicht.

Das nächste Schild, auf das ich treffe, ist aber kein Autobahnschild, sondern es sagt mir, dass ich wegen Straßenschäden nur noch 20 Stundenkilometer fahren soll. Das scheint mir ziemlich viel zu sein. Die Piste sieht hier aus wie der Boden von einer Maulwurffarm, wo der Bär tobt, also, wo unheimlich was los ist Maulwurf-mäßig. Ich schalte runter in den ersten Gang und kapiere endlich, warum sich so viele Leute in der Stadt einen Geländewagen halten.

»Meine Fresse!«, denke ich, »hier müsste aber ma wat passieren!«

Dann sehe ich, dass sich die Jungs vom Straßenbau meiner fachmännischen Einschätzung schon angeschlossen haben. Ein paar Meter weiter ist die Straße komplett gesperrt. Einfach so, ohne Ankündigung! Hinter der Absperrung steht ein einsamer Bagger, mit unheimlich viel Herbstlaub darauf. Im Frühjahr! Den Jungs ist wohl irgendwas dazwischengekommen. Das ist für einen Ruhri natürlich keine Überraschung. Überhaupt nicht. Trotzdem pumpt meine Pumpe mein ganzes Blut nach oben in den Kopf, sodass der aussieht wie ein Alarmknopf. Ich schaffe es trotzdem, zu wenden.

»Bitte wenden!«, sagt anschließend das Navi.

Da rutscht mir mal kurz die Hand aus.

»Aua!«, sage ich.

Das ist mindestens ein dicker blauer Fleck, und das Navi liegt irgendwo im Fußbereich. Wie ich auf die Bremse trete, höre ich es knirschen.

»Wo soll dat alles enden?!«, frage ich mich und meine jetzt nicht meine Fahrstrecke, sondern den Zustand der Ruhrgebietsstraßen. Wenn das mal alles repariert werden wird, was man hier reparieren müsste, dann wird das ganze Straßennetz nur noch eine einzige große Baustelle sein, und dann wird nix mehr gehen im Revier, weil nix mehr fahren wird. Zum Glück wird es dazu nicht kommen, wegen der vielen Steuerflüchtlinge. Für so viel Reparieren ist ja gar kein Geld da.

Ich kachel zurück durch die Maulwurffarm, sage mir nochmal, dass ich mich auf meinen Ruhrpott-Ortsinstinkt doch bis jetzt immer verlassen konnte, fahre und fahre, umgehe Baustellen und gesperrte Straßen ohne Ende, fahre nach Gefühl, so einer inneren Eingebung folgend, und was soll ich sagen, nach knappen dreieinhalb Stunden erreiche ich wie durch ein Wunder mein Ziel, einfach so, ohne Vorankündigung. So viel Puffer hatte ich nicht eingeplant, und deshalb ist der Termin-Typ natürlich längst wieder weg zu einem anderen Termin, aber darum geht es nicht mehr. Ich habe das Navi und das Straßenbauamt besiegt, darum geht es! Ich habe dem Ruhrpott Ehre gemacht! Mit vor Stolz geschwollener Brust lege ich den ersten Gang ein.

»Bitte wenden!«, schnarrt das Navi.

Dann ist es tot.

Fußballvereinsfarben im Ruhrgebiet

Liebe Ruhris,
jetzt geht es um eine hochsensible Angelegenheit, wo es ganz wichtig ist, dass ihr Auswärtigen genaue Anweisungen gebt, weil, es geht um nix weniger, als dass die nix auf die Maske kriegen. Ja nun, was macht das für einen Eindruck auf die und deren Maske?! Keinen so richtig guten. – Worum geht es? Für uns ist das wieder eine Selbstverständlichkeit, dass, wenn wir was Rot-Weißes öffentlich sichtbar am Balg tragen, dass wir wissen, wir können uns in Essen ziemlich frei bewegen und in Oberhausen auch. Und wenn wir von Essen nach Oberhausen unterwegs sind, dann können wir sogar ohne große Probleme einen Zwischenstopp in Mülheim einlegen, aber nicht in Gelsenkirchen. Da müssen wir dann sicherheitshalber was Blau-Weißes drüberziehen, und das gilt auch für einen Stopp in Duisburg, wobei der Weg von Essen nach Oberhausen über Duisburg ein ziemlicher Umweg ist, aber darum geht es ja jetzt nicht.

Die Hauptsache

Es geht, das ist uns Ruhris klar, um die schönste Hauptsache von der Welt, und das ist natürlich der Fußball. Zumindest ist das hier im Revier die Hauptsache. Da kann die andere Sache nicht mithalten, also, die Wirtschaft. Jetzt nicht die Kneipe, sondern die andere Wirtschaft. Es ist im Gegenteil sogar so, je schlechter es hier wirtschaftlich läuft, desto wichtiger wird der Fußball. Genauer gesagt, geht es aber um die verschiedenen Vereinsfarben, durch die man seine Zugehörigkeit zu seinem Verein ausdrückt, und selbst, wenn man mit Fußball absolut gar nichts am Hut hat, aber was Schwarz-Gelbes trägt, dann wird das von Nicht-Schwarz-Gelben sofort als eine Zugehörigkeit gedeutet, und dann wird nicht lange gefragt, ob du ein Fan von der Borussia bist, dann gibt es einen Spruch oder, je nach Promille-Gehalt und Intelligenzquotient, auch was Handfestes.

Vielfalt

Es ist ja nicht so, Gott sei Dank muss man sagen, dass wir in unserer Metropole nur einen Verein haben. Den FC Metropole, den gibt es gar nicht. Hier hat jede Stadt einen Verein. Mindestens! Bis auf Mülheim. Die Bochumer haben ihren VfL und auch die Farben Blau und Weiß, aber natürlich nicht genau das Blau-Weiß wie die Gelsenkirchener, und das Duisburger Blau-Weiß ist wieder anders. Da geht es um Nuancen!

Es gibt also ein klares Reglement, mit welchen Farben man sich ohne Hallas wo aufhalten kann und wo nicht. Wobei das mit dem Überziehen von anderen Farben für den richtigen Fußballfan natürlich nicht infrage kommt. Der nimmt also lieber den Hallas in Kauf. Oder er freut sich drauf, ganz nach Veranlagung.

Vorsicht bei l'amour!

Jetzt ist das in der Regel für einen Auswärtigen kein Problem, wenn der in Gelsenkirchen, warum auch immer, schwarz-gelbe Unterhosen trägt. Es sei denn, der zieht sich da aus. Ja nun, das kann ja mal vorkommen, dass einer aus Hintertupfingen hier ein Techtelmechtel anfängt mit einer Gelsenkirchenerin. Warum nicht? Das kann doch mal funken. Aber spätestens in dem Moment, wo die blau-weiße Lady eine freie Sicht auf die schwarz-gelbe Unterhose kriegt, ist das Techtelmechtel dann vorbei. Dann knallt es! Selbst schwarz-gelbe Socken sind bei Nicht-Ausziehen so gerade noch im Geltungsbereich, aber auf keinen Fall ein T-Shirt und erst recht kein Schal. Das geht gar nicht!

 Das alles sind Feinheiten, die den Fremden schnell überfordern können. Deswegen geht mit euren Anweisungen auf Nummer sicher. Wenn ihr also mal wieder Besuch aus Hintertupfingen kriegt, egal, in welcher Stadt ihr hier wohnt, dann sollte der oder die am besten eine Farbe tragen, die nicht die entfernteste Assoziation zu einem Verein zulässt, zum Beispiel Pink! Lila geht auch. Mit sowas wie Grün-Weiß muss man schon wieder vorsichtig sein. Das sind zwar keine Farben von hier, dafür aber die vom VfL Wolfsburg. Heikel! Vielleicht haben die gerade gegen Schalke gewonnen. Ein einfarbig grüner Anzug geht schon eher. Aber wie gesagt, mit Pink und Lila ist man auf der sicheren Seite und mit Pink-Lila erst recht. Da kriegt man keinen auf die Maske. Wahrscheinlich. Es gibt ja immer Leute, die auf irgendwas allergisch reagieren. Mit Pink-Lila wäre man im Übrigen als Auswärtiger dann auch eindeutig identifizierbar, und das würde natürlich das im Kapitel »Orientierung« beschriebene Geben von Orientierungshilfe wesentlich erleichtern! Gerade überlege ich, ob Mülheim wirklich keinen Fußballverein hat?! Wenn ja, ist der mir noch nie begegnet. Was könnte der für eine Farbe haben? Hoffentlich nicht Pink-Lila!

Fahrradfahren im Ruhrgebiet

Liebe Ruhris, jetzt kommt eine Sache, bei der es hier bei uns im Revier eigentlich jeden Tag um das nackte Überleben geht, wo viele von euch aber sagen werden, »da bin ich außen vor, da kann ich gar nich mitreden, weil ich da nix mit am Schlappen hab«. Das macht nichts, dafür ist ja der Ratgeber da, euch da schlau zu machen. Und zwar, die Überschrift sagt es, geht es ums Fahrradfahren.

Rostige Speiche

Jetzt werden vielleicht wieder welche sagen, »Fahrradfahrer seh ich hier nie, kann man dat hier überhaupt machen, darf man dat?« Da muss ich sagen, habt ihr die Entwicklung verschlafen. Essen hat sich zum Beispiel vom stolzen Träger der »Rostigen Speiche« zur Fahrradstadt gemausert. Hut ab! Und es kann ja durchaus sein, dass Fahrrad-Interessierte davon gehört haben und sich denken, »da fährste mal hin, und dann fährste da mal mit deinem Drahtesel!« Und das kann sich als Falle entpuppen! Der Titel »Fahrradstadt« gilt nämlich nur ganz teilweise.

Kohleschneisen

Ihr wisst ja vielleicht, dass das ganze Ruhrgebiet früher von Gleisen zerstückelt war, wo die ganze Kohle drauf transportiert wurde, die die überall ausgebuddelt hatten. Alle paar Meter standst du vor einer geschlossenen Schranke. Manchmal gab es nicht mal eine Schranke. Dann musstest du ein Ohr auf die Schiene legen, um zu hören, ob ein Zug kommt. Wenn du dann was gehört hast, musstest du das Ohr da schnell wieder wegnehmen. Wenn du in dem Moment Rücken kriegtest, hattest du ein Problem.

Aber das ist Schnee von gestern. Denn die meisten von den Schienen wurden herausgerissen. Deshalb fahren da auch keine Züge mehr. Stattdessen gibt es da oft Fahrradwege. Die sind super! Ich kann zum Beispiel von Essen-Steele aus bis nach Mülheim radeln, ohne von einem Auto angefahren zu werden. Ja, weil ich gar keine Straßen kreuze mit meinem Fahrrad.

Der ganz normale Wahnsinn

Jetzt waren ja aber nicht überall nur Bahnstrecken. Es gab auch ganz normale Straßen, und die haben sich sogar noch ziemlich vermehrt, und die kreuzen auch dauernd. An Fahrradfahrer hat da jahrzehntelang keiner einen Gedanken verschwendet, und das ist eigentlich bis heute so, auf jeden Fall bei den Autofahrern.

Gefahrenzone

Ja, jetzt steht da so ein Auswärtiger mit seinem Esel. Vielleicht hat er sich den sogar extra geliehen, wie in Holland. Vielleicht hat er die vielen Schilder gesehen, mit einem Fahrrad drauf und Entfernungsangaben: »Altenessen 7 km«, und er hat sich gedacht, das ist ja ein Katzensprung! Was da aber nicht draufsteht, ist der Schwierigkeitsgrad. Oder sagen wir lieber, die Art von Gefahrenzone. Und da liegen wir oft im Spitzenbereich. Und weil davon aber nix auf dem Schild steht, hat der Auswärtige sich nur gedacht, toll, da erlebste die Metropole mal hautnah! Und dann wird es aber hauteng zwischen ihm und den übrigen Verkehrsteilnehmern, und das sind alles dicke Autos, dicke LKW und dicke Busse.

Radlerschock

Liebe Ruhris, ihr wisst das selber, mit einem Fahrradfahrer rechnet hier keiner auf der Straße. Und wenn man dann auf einmal einen vor sich hat, ist man geschockt. Man hält den vielleicht zuerst für eine Erscheinung oder für einen Tagtraum aus dem Urlaub. Und wenn man realisiert, dass der echt ist, weiß man nicht, wie man reagieren soll. Das hat man einfach nicht im Repertoire. Und man hat ja auch nicht viel Zeit zu überlegen oder mal kurz zu googeln. Wenn man sich gerade fragt, ob man vielleicht ein bisschen langsamer fahren soll, weil es doch verdammt eng werden könnte zwischen dem Gegenverkehr und dem Radler, ist man schon dran vorbei. Wenn er Glück hat, der Radler! Viele Autofahrer geben sogar noch Gas, um schneller an dem vorbeizukommen. Da kann man nur hoffen, dass die zuhause an der Spielkonsole geübt haben, sonst haben die nachher noch eine Schramme im Lack!

Fahrradfahrer von rechts

Wenn ein Fahrradfahrer auch noch von rechts kommt und Vorfahrt hat, ist man natürlich als Autofahrer völlig von der Rolle. Es ist ja sowieso schon unwahrscheinlich, dass gerade in dem Moment, wo man da ranrauscht, einer von rechts kommt, und noch viel, viel unwahrscheinlicher ist natürlich, dass das einer auf dem Fahrrad ist. Das ist vermutlich so unwahrscheinlich wie ein Lottogewinn. Man reagiert nur anders darauf. Ja, einen Lottogewinn würde keiner so einfach ignorieren, den Fahrradfahrer schon. Weil das Auftauchen von dem praktisch eine Wahrscheinlichkeit von null hat, und eine Null zählt ja eigentlich nicht.

Sicherheitsrisiko

Zusammenfassend kann man sagen, dass freilaufende Radler auf normalen Straßen im Revier ein ziemliches Sicherheitsrisiko darstellen, am meisten für sich selbst. Sicher, es gibt jenseits von alten Bahnstrecken auch normale Fahrradwege, wo man nicht direkt mit Autos zusammenstößt. Aber das Wort »normal« ist da oft irreführend. Ich verweise in diesem Zusammenhang auf den folgenden »Erfahrungsbericht 2«!

Wenn ihr also Besuch bekommt, und der will sich hier mit dem Fahrrad fortbewegen, dann warnt den! Besonders, wenn der aus Holland oder Münster kommt. Das ist da eine andere Welt. Am sichersten ist, wie gesagt, wenn der ausschließlich auf den alten Kohletransportrouten radelt. Da gelten auch die normalen Verkehrsregeln. Ansonsten hat immer der Stärkere Vorfahrt, und das ist, auch verglichen mit einem 22-Gang-Rennrad, selbst ein Fiat Panda. Gut ist auch, wenn die sich Stützräder anmontieren. Man wird nicht so leicht abgedrängt, und wenn doch, fällt man nicht so leicht um. Dann sollen die Warnkleidung tragen, aber nicht einfach eine Joppe mit Leuchtstreifen, sondern am besten sowas wie ein Christkind-Kostüm. Das Christkind fährt keiner so leicht über den Haufen. Da haben dann viele doch Skrupel. Und auf jeden Fall sollen die sich warm anziehen, denn im Straßenverkehr herrscht hier ein ganz raues Klima!

Erfahrungsbericht

»Na, wie war et?«, fragt meine Frau, nachdem sie einen dicken Erleichterungsseufzer ausgestoßen hat. Ich deute das als Zeichen ihrer Zuneigung. Die macht sich Sorgen um mich. Und in den letzten vier Stunden hat sie auch Grund dazu gehabt. Schließlich war ich im Ruhrgebiet auf dem Fahrrad unterwegs.

»Super!«, antworte ich auf ihre Frage.

»Echt?!«, fragt sie ungläubig nach.

»Der Radweg is erste Sahne!«, erkläre ich ihr, »und den kannse endlos fahren. Kaum Steigungen. Is ja ne alte Bahnstrecke.«

»Ach so«, sagt sie, »du bis ne Freizeitstrecke gefahren! Dat is ja keine Kunst. Und bis da hin?«

»Hab ich geschoben«, brummle ich so ein bisschen kleinlaut.

»Wirklich super!«, meint sie ironisch darauf, »hab doch gesagt, dat macht für den Alltach kein Sinn.«

Das hatte sie wirklich gesagt. Wir hatten uns darüber den Kopf zerbrochen gehabt, was wir denn noch so für die Umwelt tun könnten, damit die nicht ganz kaputtgeht, und letztendlich ja auch für uns. Ganz ohne Umwelt wäre das Leben ja vermutlich nicht mal halb so prickelnd. Jedenfalls sind wir da auf das Fahrradfahren gekommen, was wir in den Jahren seit unserer Pubertät nicht wirklich gemacht haben. Wir haben praktisch Garagenräder. Da hat sie dann aber ihre Bemerkung mit dem Alltag losgelassen, und damit war der Fall für sie erledigt. Für mich aber nicht.

»Ich probier dat morgen ma!«, habe ich ausgerufen, mit einem todesverachtenden Ausdruck im Gesicht. Und heute habe ich es tatsächlich wahrgemacht. Allerdings, da hat meine Frau recht, habe ich es auf einer Freizeitstrecke probiert.

»Die paar Meter schieben«, sage ich, um die Sache so ein bisschen aufzuwerten, »dat war maximal ne halbe Stunde!«

»Tss!«, macht meine Frau, dreht sich um und geht in Richtung Haustür.

»Morgen!«, rufe ich ihr hinterher, »morgen fahr ich ma durche Stadt! Solls ma sehn! Dat geht bestimmt auch … irgenswie. Hat sich bestimmt viel geändert!« Sie guckt nochmal zurück und lächelt so komisch, so, als würde sie gerade an meine Lebensversicherung denken. Dann geht sie ins Haus.

In der Nacht schlafe ich total unruhig. Ich werde andauernd wach und muss dann sofort an mein tollkühnes Vorhaben denken. Ich kriege Zweifel, ob ich mir da nicht zu viel zumute. Gegen halb fünf bin ich mir sicher. Aber ich kann jetzt ja nicht mehr zurück. Ein Mann muss zu dem stehen, was er so unüberlegt von sich gibt. Wo kämen wir denn sonst hin? Ich auf jeden Fall nicht auf das Fahrrad. –

»Und?«, fragt meine Frau beim Frühstück.

»Ich zieh dat durch«, sage ich, »aber keine Angst, ich bin nich leichtsinnig. Ich geh die Strecke ersma zu Fuß ab.«

»Sehr vernünftig!«, sagt meine Frau, allerdings diesmal ohne zu lächeln.

Direkt nach dem Frühstück mache ich mich auf den Weg. Als Erstes inspiziere ich die verkehrsberuhigte Zone, die direkt bei uns losgeht. Die kenne ich natürlich schon, weil ich mich als Autofahrer da endlos oft drüber aufgeregt habe. Alle paar Meter kommen aufwendige Straßeneinbauten und machen die Fahrbahn so eng, dass zwei Autos nicht mehr aneinander vorbeikommen. Da aber keiner weiß, wer zuerst fahren darf, fährt der zuerst, der am lautesten hupt und am schnellsten ist, was in der Regel Gegenreaktionen von den anderen provoziert, in Form von offensiver Fahrweise, genauso lautem Gehupe und Doofzeigen, natürlich aber unter rein erzieherischen Gesichtspunkten.

Jedenfalls ist die verkehrsberuhigte Zone eine der gefährlichsten und lautesten Ecken weit und breit! Das gilt noch mehr für Radfahrer. Die Radwege, die es gibt, sind mehr so punktuelle Wege, die nur ungefähr vier Meter lang sind, hinter den Straßeneinbauten hergehen und dann meistens vor einem parkenden Auto enden oder einem, das gerade zum Halten gezwungen wurde, mit einem doofzeigenden Fahrer darin. Da fährt man als Radfahrer besser auf dem Bürgersteig, wo man dann aber schon mal von Fußgängern angemacht wird. Also eine harte Nuss, direkt für den Anfang!

Ich latsche durch die Zone und stoße danach erneut auf einen Fahrradweg, diesmal einen durchgehenden, oder so einigermaßen durchgehenden, weil er gekreuzt wird von jede Menge Wurzeln, die den Teer zu dicken Wülsten hochgedrückt haben. Wenn du da drüberbretterst, kann das schon mal zu einer Weichteilquetschung oder zu einem Abwurf führen! Ich markiere die gefährlichsten Stellen mit kleinen roten Wimpeln, die ich am Rand des Weges anbringe. Manche kann ich einfach in die Erde stecken, für andere muss ich extra Löcher bohren.

Ein paar hundert Meter weiter liegen dann Radweg und Fußgängerweg nebeneinander auf dem Weg. Jetzt wird es kritisch. Der Radweg ist durch eine rötliche Pflasterung kenntlich gemacht, damit die Fußgänger den auch direkt finden. Manche werden regelrecht magisch angezogen von dem Pflaster und lassen sich auch nicht durch Klingeln oder Fußtritte von dort verscheuchen.

Nach wenigen Metern bleibe ich stehen. »Bis hier hin und nicht weiter!«, denke ich. »Mehr mutesse dir ma fürn Anfang nich zu!«

Ich gehe nach Hause, esse eine starke Kraftbrühe und gucke dann nach den Sicherheitsvorkehrungen für die Fahrt. Helm und Knieschoner ist klar, aber was ist mit dem Rest des Körpers? Dann sehe ich, dass meine Frau mich wirklich liebt. Sie hat zwei Schaumstoffmatratzen aus dem Keller geholt und schnallt sie mir fürsorglich um Bauch und Rücken.

Richtig bewegen kann ich mich nicht mehr, aber die Sicherheit geht ja nun mal vor!

Meine Frau hilft mir aufs Rad, bekreuzigt sich ausgiebig und schiebt mich die ersten Meter an, bis ich genug Tempo habe. Den Rest muss ich alleine hinkriegen. »Keine Angst, ich kuck dir von oben zu!«, ruft sie mir noch nach.

»Häh?!«, mache ich.

»Mit Google-Earth!«, schreit sie.

Dann rennt sie ins Haus. –

»Und? Geht et?« Mit tiefen Sorgenfalten im Gesicht schaut sie mich an, als ich nach sieben langen Minuten wieder vorfahre.

»Ersten zwei Abschnitte warn schon Hammer, aber noch okay«, sage ich, »auf dem roten Radweg bin ich dann von ner Omma vom Rad geboxt worden!«

»Hab ich doch gesehn«, sagt meine Frau. »Gott sei Dank warse ja gepolstert!«

Sie schließt mich in die Arme.

»Dann lässt du dat jetz sein?«, fragt sie.

»Auf keinen Fall!«, sage ich, »aber morgen fahr ich mit Boxhandschuhen!«

Verständigung im Ruhrgebiet

Liebe Ruhris, wir kommen nun zu einem Problem, das eigentlich immer auftaucht, wenn man als Fremder in einer Gegend unterwegs ist, wo man nix versteht und wo man auch nicht verstanden wird, weil man ja fremd ist, und das ist das Problem der Verständigung. Das kann ja unter Umständen überlebenswichtig sein, dass man kundtun kann, wie gerade das eigene Befinden ist.

Mongolei

Wenn man zum Beispiel als Ruhri irgendwo in der, sagen wir mal, Mongolei rumrennt, und man kriegt einen am Appel, dann nützt das vermutlich gar nichts, wenn man sich hinstellt und bölkt, »ich krich ein am Appel«. Selbst, wenn man das noch so gestochen artikuliert, wird man vom Mongolen vermutlich nicht verstanden werden, wegen Sprachbarriere. Dann muss man andere Wege finden, um den Inhalt rüberzubringen, zum Beispiel durch eine optische Darstellung des Sachverhalts. Wenn gerade ein Apfel zur Hand ist, ist das schon mal die halbe Miete, aber dann bleibt immer noch die andere Hälfte von der Miete übrig, und die hat es in sich! »Ich krich ein am«, ich meine, wie willst du das optisch darstellen?! Ich habe keine Ahnung. Ich bin nur froh, dass ich in so einem Zustand noch nie in der Mongolei war!

Na ja, ich will das jetzt gar nicht weiter vertiefen, denn es geht ja nicht darum, dass wir uns als Ruhri irgendwo anders verständigen müssen, sondern dass ein Fremder hier bei uns aufläuft und dann irgendwie klarkommen muss. Selbst wenn die Sprachbarriere nicht ganz so groß ist wie zwischen einem Mongolen und uns hier, weil der Fremde vielleicht Deutscher ist, gibt es doch eine Menge Eigenheiten, die den Auswärtigen vor Probleme stellen können. Eine davon ist die Verknappung in der Ruhrgebietssprache. Keine Angst, das soll hier kein Rundumschlag werden! Über den Ruhrpott-Slang ist ja genug geschrieben und gelabert worden. Ich will nur mal an einem Beispiel klarmachen, wie das, womit wir völlig selbstverständlich umgehen und wo wir denken, das ist doch pillepalle, wie das für einen Fremden eine total komplexe Angelegenheit sein kann.

Kürzer geht nicht

Nehmen wir mal an, einer aus Hannover ist zu Besuch. Da haben wir es mit einer mittelschweren Sprachbarriere zu tun. Der Hannoveraner steht jetzt, sagen wir

mal, in Bottrop in der Fußgängerzone von der City und sucht die Altstadt. Und er guckt ein bisschen bräsig, weil er schon den halben Vormittag da rumgelaufen ist, ohne auch nur einen Hauch von Altstadt entdeckt zu haben. Und ist klar, bei unserer ausgeprägten Hilfsbereitschaft, kommt sofort einer und will helfen, und dann sagt der zu dem Hannoveraner, »wat IS?«

Der begreift immerhin, dass »wat is?« eine etwas andere Aussprache vom hochdeutschen »was ist?« ist. Und er denkt kurz darüber nach, was ist und was nicht ist? Ähnlich schwer wie »Sein oder Nichtsein?«. Und dann ist ihm die Antwort auf die Frage echt zu kompliziert, und er guckt nur doof. Er versteht nämlich nicht, dass hinter dem »wat IS?« eine ganze Latte von Wörtern steckt, die in diesem Fall ausgesprochen ungefähr lauten würde: »Meister, du siehs so aus, als hättse dich hier irgenswie verfranst oder zulange nix gespachtelt oder beides. Kann ich dir auf irgendne Art und Weise unter de Arme greifen, damit du wieder aum Pinn komms? Dann sach et, aber zügig, ich hab nich ewig Zeit!« Das ist wirkliche Hilfsbereitschaft!

Jetzt muss man sich mal in den Ruhri reinversetzen: Er geht zu einem bräsig guckenden Hannoveraner, und obwohl er es eilig hat, bietet er dem seine völlig unei-

gennützige Hilfe an! Und was ist die Reaktion darauf? Der Hannoveraner guckt ihn doof an! Worauf der Ruhri jetzt mit einigem Recht sagt, »IS wat?!« Und da kommt jetzt die Betonung noch mit ins Spiel. Denn so, wie er das betont, bedeutet das »IS wat?!«: »Hömma, ich hab dich hier ganz freundlich gefragt, ob du en Problem has, und et sieht verdammt so aus, als hätts du eins mit mir! Jetzt pass ma auf, mach dich vom Acker, aber hoppla, sons is hier ruck, zuck die Kacke am dampfen!« Tja, an dieser Stelle kann man nur hoffen, dass der Hannoveraner nicht noch doofer guckt!

 Und da setzt mein Ratschlag an: Wenn ihr auswärtigen Besuch habt, der hier unbedingt auf eigene Faust rumrennen will, dann soll der, wenn der angesprochen wird, auf keinen Fall doof gucken! Aber auch nicht lächeln oder womöglich grinsen. Der soll am besten gar nicht gucken, stattdessen aber vorbereitet sein und den Begriff »Altstadt« optisch darstellen, und zwar möglichst so, dass man das auch versteht. Und dann wird jeder Ruhri lachend ausrufen »WAT is?!«, und dann wird der ihm freundlich auf die Schulter klopfen und kopfschüttelnd weitergehen. Tja, und schon hat man sich verständigt!

Essen im Ruhrgebiet

Liebe Ruhris, um das gleich klarzustellen, im folgenden Kapitel geht es nicht um die Stadt Essen, die ja ein Teil der Metropole ist, und die sich sogar oft gerne für den wichtigsten Teil hält, nicht immer zur Freude der anderen Teile. Also ich finde ja, dass man sich als Zentrum von Ruhri-Superhausen statt »Essen« zumindest »Spachteln« nennen müsste oder »Mampfen«, um dem Anspruch gerecht zu werden. Obwohl, die wollen ja weg von dem Ruhrpott-Image. Von daher würden so einige Politiker vielleicht sogar eher was für »Speisen« übrig haben als Stadtname. Na ja, das ist aber ein anderes Thema. Mir geht es jedenfalls hier um das Essen, also Spachteln oder Mampfen. Genauer gesagt, um Nahrungsaufnahme im Revier.

Schon wieder Vielfalt

Liebe Ruhris, ich denke mal, für euch ist es überhaupt kein Thema, dass wir uns hier vernünftig ernähren, das heißt gesund und abwechslungsreich. Das ist auch durch Studien bestimmt erwiesen. Sicher, wir gehen auch schon mal in die Pommes-Bude was futtern, aber genauso gut gehen wir in die Döner- oder Pizza-Bude oder zum China-Mann. Das ist kulinarische Bandbreite! Und das ist natürlich nicht nur ein Zeichen für unseren guten Geschmack, sondern auch dafür, dass wir hier, wie zu allen Zeiten, in der Lage sind, uns Sachen so einzuverleiben, dass man denkt, die würden schon immer zu einem gehört haben, so selbstverständlich gehen wir damit um.

Dabei gibt es hier Döner noch gar nicht so lange. Erst haben alle gedacht, »wat soll dat denn sein?! Wenn et wat am Spieß sein soll, ham wir doch schon Schaschlik!« Aber dann haben wir doch schnell gemerkt, dass das lecker ist. Dann kam der Gammelfleisch-Skandal, wo man wieder gedacht hat, »wat is dat gez? Fleisch oder Abfall?« Aber zum Glück vergisst man sowas ja schnell. Und heute ist der Döner-Spieß aus unserer heimischen Küche nicht mehr wegzudenken.

Integration verkehrt rum

Aber diese Vielfalt hat sich nicht überall herumgesprochen. Auswärtige haben ja oft nur die dösigen Klischees im Kopf und denken dann, wir würden alle dauernd nur Currywurst-Pommes essen, und abwechslungsreich würde das höchstens durch mit Matsche oder Ketchup oder beides, also »Schranke«. Und dann kommen die hier hin und wollen vielleicht einen guten Eindruck machen und denken, komm, wir latschen ja auch nicht halbnackt durch Saudi-Arabien, um die da nicht zu verstören, da lassen wir uns hier auch nicht mit einem Körner-Bratling erwischen! Wir passen uns an! Und dann essen die nur Currywurst-Pommes mit Matsche!

Phosphat-Schock

Wenn die nur zwei oder drei Tage hier in der Gegend sind, verpackt deren Körper das noch so gerade, aber viel länger nicht. Man darf die ja nicht mit unseren Körpern vergleichen. Wir sind hier ja generell ganz anderen Belastungen ausgesetzt, und von daher haben wir auch Mägen hart wie Kruppstahl, trotz unserer gesunden Ernährungsweise. Aber so Fremde können hier nach ein paar Tagen zum Beispiel einen Phosphat-Schock kriegen oder eine Matsche-Verfettung. Oder der Körper stößt die anorganische Currywurst komplett ab, und die kriegen einen allergischen Rappel. Und soweit sollten wir es mal wieder nicht kommen lassen!

 Wenn ihr also Auswärtige seht, die ihr ja vermutlich schon von weitem an deren pink-lila Outfit erkennt, und die essen Currywurst-Pommes, dann nehmt denen das um Himmels Willen weg! Das ist nur in deren Interesse. Gut, das werden nicht alle sofort nachvollziehen können, und da müsst ihr eben gute Argumente haben. Zur Not können das die Fäuste sein, aber besser ist es, ihr überzeugt die auf nachhaltigere Art und Weise. Am besten, ihr esst die Wurst vor deren Augen auf und demonstriert denen, wie sich ein Phosphat-Schock bemerkbar macht. Da ist euer schauspielerisches Talent gefragt! Die Schock-Symptome müssen auch gar nicht stimmen, Hauptsache ist, es sieht drastisch aus! Aber jetzt auch wieder nicht so drastisch, dass die einen Notarzt rufen. Das könnte teuer werden. Und wenn ihr euch dann vor denen am winden seid, dann ruft ihr einfach laut und vernehmlich »Döner, Pizza, China-Mann!« Ja, und dann wissen die Bescheid!

Also, ihr seht, man braucht da ein bisschen Fingerspitzengefühl, aber wenn wir hier im Ruhrpott für eins berüchtigt sind, dann ja wohl dafür!

Einkaufen im Ruhrgebiet

Liebe Ruhris, jetzt kommt ein Ratgeber über das, was wir alle mal müssen. Aber jetzt nicht »ins Gras beißen« oder »für kleine Mädchen«, sondern es geht, die Überschrift sagt es oder schreibt es eher, ums »Einkaufen«. Aber jetzt nicht Lebensmittel, sondern was man sonst noch so kauft: Klamotten, Unterhaltungselektronik, Geschenke, diese Sachen. Mit einem Wort, es geht um »Shopping«. Das englische Wort für Einkaufen hat sich ja inzwischen hier überall eingebürgert und ist quasi eingedeutscht worden.

»Komm, wir gehn shoppen!«, sagt man ja so. Und wenn der andre dann auf die Uhr guckt und sagt, »für Frühschoppen isset aber schon en bissken spät«, dann ist der echt nicht auf der Höhe der Zeit. »Frühschoppen« ist ja wohl sowas von am aussterben! Und die Kneipen sterben ja auch aus, wo du sowas machen kannst, aber das ist ein gesondertes Thema.

Ausnahme Mann

Jedenfalls geht es ums »Einkaufen«. Jetzt mag es den einen oder anderen Mann geben, der sagt, »dat muss ich gar nich, ich hab alles, und zwar schon jahrelang!«, aber das sind, wenn überhaupt, wirklich nur Männer, die sowas äußern. Frauen haben nie alles. Denen fehlt immer noch eine Übergangsjacke oder eine alternative Weihnachts-Deko. Die sind da anders gestrickt als Männer, die manchmal wirklich mit nur einer Hose durch das komplette Erwachsenenleben kommen. Von der Sorte gibt es im Ruhrgebiet vielleicht sogar ein paar mehr, weil es immer mehr Leute gibt, die sich eine zweite gar nicht leisten können. Aber das ist wieder ein anderes Thema.

Ansonsten müssen wir alle mal shoppen. Und zum Shoppen fahren wir in die City, in so ein Einkaufsparadies, wobei das Paradies auch schon mal irgendwo auf dem Acker zu finden sein kann oder bei uns hier eher auf einer alten Halde. In was für einer Stadt das liegt, ist uns dabei völlig schnuppe. Das Paradies ist ja überall gleich. Das wäre ja noch schöner, wenn es da Unterschiede gäbe! Der Essener fährt zwar mal nach Oberhausen, aber nur, weil er denkt, der Oberhausener muss auch leben, fährste mal dahin. Dafür kommt der Oberhausener schon mal nach Essen. Das ist gelebte Reviersolidarität, um die wir gar kein großes Aufhebens machen, und ansonsten ist das ja alles die gleiche Einkaufssoße, und das weiß auch hier jeder.

Hamsterkauf im Einheitsbrei

Jetzt kommt aber wieder der Auswärtige ins Spiel. Der guckt von auswärts aufs Revier und denkt sich: »Meine Fresse, so eine Metropole, was musste da shoppen gehen können! Dortmund, Bochum, Essen, Duisburg, schieß mich tot, und alle haben die ein Paradies! Da muss ich überall hin!« Und dann macht der das auch! Und wenn der dann ein paar Stunden durch eins von den Paradiesen gelatscht ist, sagen wir mal in Oberhausen, dann geht der schon so ein bisschen auf dem Zahnfleisch, ähnlich, als würde der die Bottroper Altstadt suchen. Und das Zahnfleisch kriegt gehörigen Schwund, wenn der sich anschließend den Garten Eden in Essen vornimmt. Überall stehen Evas rum, die ihm einen Apfel andrehen wollen, jetzt so im übertragenen Sinn. Und irgendwann denkt der, samma, hab ich den Appel nich schomma gesehn?! Das denkt der natürlich nicht auf Ruhrpott, sondern auf Schwäbisch oder Holländisch oder wo er gerade herkommt. Bis man auf Ruhrpott denken kann, das dauert! Und wenn der dann zum fünften Mal bei Saturn ist und immer wieder vor demselben Apfel-Sonderangebot steht, verliert der wieder die Orientierung. Dann weiß der nicht mehr, in welchem Paradies er ist. Ein ähnliches Problem hatten wir ja schon mal. Und wenn zu der Orientierungslosigkeit aber noch ein nicht ausgelebter Shopping-Trieb kommt, weil er sich vor lauter gleichen Angeboten nicht mehr entscheiden kann, dann wird es kritisch! Dann kann es zu völlig sinnlosen Kurzschlusshandlungen kommen, zum Beispiel Panik- oder Hamsterkäufen. Dann kauft der sich drei MP3-Player auf einmal. Kurz vor Weihnachten, Börsen-Crash oder Krieg ist das vielleicht noch im Geltungsbereich, aber zu anderen Zeiten?

Ja, und wenn der es dann irgendwie wieder nach Hause geschafft hat und sich da seinen Hamsterkauf anschaut, dann dämmert dem wahrscheinlich, dass er das Zeug auch bei sich um die Ecke hätte kriegen können, und dann ist der wahrscheinlich völlig frustriert und kommt nie wieder zum Shoppen ins Revier, weil er meint, das lohne sich nicht. Und ist klar, damit tut der uns natürlich Unrecht!

Deshalb hier mein Rat: Wenn ihr Auswärtige kennt, die sich für eine Shopping-Tour im Ruhrgebiet ankündigen, dann sagt denen, dass das Einkaufsparadies bei uns ganz wo anders liegt und dass die ein bisschen Geduld mitbringen sollen. Und dann macht ihr euch zusammen einen schönen Tag, bis am späten Abend die Getränke und die Knabbereien ausgehen. Das ist natürlich geplant! Und dann geht ihr mit denen zu einer Bude, die wunderbarerweise noch geöffnet hat, und da können die dann erfahren, wie ein wirklich originaler Konsumtempel im Revier aussieht, wo man im Prinzip alles kriegt, unter Umständen sogar eine Hose, und das noch mit kompetent persönlicher Beratung einer 14-Tage-Wettervorhersage, einem quasi-kabarettistischen Polit-Rundumschlag und einer verlässlichen Prognose über den Ausgang vom nächsten Revierderby. Na gut, jetzt muss ich der Ehrlichkeit halber dazusagen, dass es die Paradies-Bude natürlich, wie die großen »Paradiese«, auch in jeder Ruhrgebietsstadt gibt, aber trotzdem handelt es sich nicht um eine Kette. Es ist das Gegenteil davon! Es ist Individual-Shopping auf höchstem Niveau! Und in Schwaben oder Holland gibt es sowas schon mal gar nicht! Und da macht dann Shopping-Tourismus wirklich Sinn!

Erfahrungsbericht

Ich schiebe mich durch die Essener Innenstadt, genauer gesagt durch die eine Einkaufsstraße der Innenstadt. In der anderen war ich schon. Noch genauer gesagt, werde ich geschoben. Es ist nämlich Vorweihnachtszeit, noch dazu ein Samstag.

»Wat mach ich hier?!«, frage ich mich.

Dann fällt mir die Antwort ein. Zu dem Weihnachten, was jetzt kommt, will ich mir mal wieder was schenken. Ich habe mich ganz gut mit mir verstanden in der letzten Zeit, und als kleine Anerkennung macht sich da ein Geschenk unterm Baum eben auch ganz gut. Da die Angebotspalette im Stadtteil übersichtlich ist, hat es mich also in die Innenstadt verschlagen. Geschäfte gibt es hier ja genug. Blöd ist nur, dass ich keine Wünsche habe. Keinen einzigen. Jedenfalls keinen aus Materie.

»Ach, der Glückliche!«, höre ich die Leserschaft jetzt sagen.

Aber wenn man sich was schenken möchte, ist Wunschlosigkeit ein Problem. Das habe ich natürlich vorher gewusst, habe aber gedacht, »ach, wenne ersma da bis, inne Zitty, wirsse schon wat Schönes sehen«. Ich seh aber nix. Momentan hat es mich in den Mittelstrom der Menschenmasse meiner Laufrichtung geschoben. Von hier aus ist ein Blick in die Schaufenster selbst für Dirk Nowitzki eine Herausforderung. Ich versuche, ein bisschen mehr an den Rand des Stromes zu gelangen, was mir unter Einsatz sämtlicher mir verfügbarer Ellenbogen so nach und nach auch gelingt.

Und jetzt sehe ich tatsächlich etwas Außergewöhnliches. Im Schaufenster eines Schuhgeschäfts steht ein ausgefallener und regelrecht hübscher Herrenschuh.

»Wär dat nich en super Geschenk?«, frage ich mich und nicke dann mit einem Grinsen im Gesicht.

Aber da hat man mich auch schon weitergeschoben. Jetzt würde nur noch ein U-Turn helfen, um in den Gegenstrom zu gelangen. Dann müsste ich scharf links abbiegen, allerdings ohne dass die mir Entgegenkommenden Rot haben, und dann rein ins Geschäft. Ich kämpfe mich also ein Stück nach links durch und lande wieder im Mittelstrom, und ab geht die Post in die falsche Richtung. Tschüss Herrenschuh!

Ich frage mich, ob überhaupt irgendwer den Weg in eines der Geschäfte schafft, und wenn, ob es auch das gewünschte ist? Vielleicht ist man irgendwann froh über irgendein Geschäft und kauft da irgendwas aus lauter Verzweiflung. Das würde die vielen langen Gesichter am Heiligen Abend erklären. Ich nehme mir vor, mir lieber nichts zu schenken als irgendwas. Ein langes Gesicht steht mir überhaupt nicht.

Ein paar Minuten später entfährt mir ein Ausruf.

»Nee, näh?!«

Ein paar Meter vor mir sehe ich die Umrisse vom Essener Shopping-Tempel am Limbecker Platz. Genau dahin ist die Masse am treiben und ich mit ihr. Ich stemme mich voll gegen den Strom, aber voll für Nüsse. Ich meine, so eine Art Schlucklaut zu hören, als das Center mich und die Schieber um mich herum einsaugt. Ein Schwall warmer, stickiger Luft kommt mir entgegen und benebelt mich für einen Moment. Zum Glück kann ich nicht umfallen. Es ist hier genauso voll wie draußen.

Die Lauscher tun es als Erstes wieder. Ich höre bumsfidele Weihnachtsmusik und würde die Ohren am liebsten direkt wieder abschalten. Geht aber nicht.

Ich frage mich, warum der Herrgott für solche Fälle nicht ab Werk einen Aus-Schalter vorgesehen hat? Warum muss man erst warten, bis man alt und taub ist und ein Hörgerät hat, um in diesen Genuss zu kommen?

Jetzt kann ich auch wieder gucken. Ich versuche, mich zu orientieren.

»Wo könnte denn en interessantes Geschäft sein?«

Bums! Es hat mich vor einen Pfosten gedrückt. Quasi als Wink des Schicksals. Ich vermute, dass es sich um einen Aussichtspfosten handelt, wie er in jedes gute Shopping-Center gehört. Ich klammere mich daran fest und ziehe mich ein Stück hoch. Ich sehe Köpfe, viele Köpfe, darunter die von mindestens vier Weihnachtsmännern und einem Rentier. Ich versuche einen Blick auf die Geschäfte zu erhaschen. Ich lese die Namen der üblichen Verdächtigen, die man in so einem Center antrifft.

»Mmh«, mache ich, was leichten Zweifel ausdrücken soll.

Ich will mich ja mit einem wirklich tollen, originellen Geschenk überraschen. Eines, womit ich jetzt echt nicht gerechnet habe.

»Dat wird hier schwer!«, sage ich zu mir.

Dann werde ich auch schwer. Langsam rutschen meine von der Hitze flutschig gewordenen Finger am Aussichtspfosten herunter. Auf der Erde angekommen, reißt es mich wieder mit in den Strom. Ich habe Probleme, nicht abzusaufen. Kunden mit einem Rettungsring, wie er in sogenannten Wohlstandgesellschaften schon mal öfter vorkommt, haben hier einen ziemlichen Vorteil.

Schließlich spült es mich in den Eingang eines großen Unterhaltungselektronik-Fachmarkts. Ich erwische den Stil eines Rabatt-Schildes und halte mich daran fest. Die Aufschrift behauptet, dass alles eigentlich nichts mehr kostet. Ich überlege, was ich zuhause an Artikeln so rumstehen habe. Radio, Fernseh, CD, DVD … Hab ich alles. Schade!

Ich lasse das Schild los und mich einmal durch die Etage schieben. Dann lande ich wieder im Gang und höre alles Mögliche an Gesabbel. Holländisch natürlich, aber auch ganz viel den Oberhausener Dialekt, der ja total markant ist.

»Na, lassen die Hausis ihre Kröten ma wieder bei de Essener?«, denke ich, »dat is ja nett!«

Noch zweimal versuche ich einen Richtungswechsel gegen alle anderen, dann sehe ich ein, dass es einfacher ist, mit dem Strom zu schwimmen. Ich lasse mich durch H und auch durch M treiben, durch C und auch durch A und auch durch alle anderen Buchstaben-Ketten, bis mich das Center nach Stunden wieder ausspuckt, ohne dass ich irgendwas gekauft habe.

Dann glotze ich mit Glotzaugen auf eine gigantische Stahlröhre, die bis in den Himmel reicht und verdammt aussieht wie der Gasometer in Oberhausen.

»Hömma, bin ich noch in Essen?!«

Dann höre ich einen Holländer Holländisch reden und verstehe ein einziges Wort: Centro! Und auf einmal kriege ich einen philosophischen Flash und kapiere zum ersten Mal, was es bedeuten soll, wenn einer sagt, dass alles mit allem verbunden und irgendwie eins ist.

Politik im Ruhrgebiet

Liebe Ruhris, ist klar, das Thema »Politik« können wir hier kurz und knapp abhandeln. Politik zu machen, ist ja im Revier nicht lebensgefährlich. Wir sind ja keine Bananenrepublik, obwohl man natürlich manchmal den Eindruck bekommen kann, und wir sind auch nicht eine Ecke, sagen wir mal, wie Sizilien, wo die Mafia schon mal dafür sorgt, dass einer, der in deren Augen die falsche Politik gemacht hat, mit Betonfüßen im Meer versenkt wird. Obwohl der lange Arm der Mafiosi auch mal bis nach Duisburg reicht. Trotzdem kann man sich hier in der Regel ohne Gefahr für Leib und Leben politisch betätigen, das ist ja schon mal was!

Jetzt geht es ja in diesem Ratgeber auch um die Auswärtigen, und da fragt man sich natürlich, warum so einer hier überhaupt Politik machen wollen würde? Tja, das weiß ich auch nicht. Vielleicht war er bislang in einer Kleinstadt aktiv, was weiß ich, Pusemuckel, und der will aber mal was Großes gestalten. Der Mensch sucht ja oft die Herausforderung, und die Metropole Ruhrgebiet zu gestalten, das ist eine! Wir Ruhris haben uns ja längst davon verabschiedet, dass hier was gestaltet wird. Dafür ist kein Geld da. Wir können hier vielleicht einmal im Jahr an einer Müllsammelaktion teilnehmen, und da wird dann zumindest was Verunstaltetes wieder aufgehübscht. Das kostet nix, deshalb geht das. Aber alles, was was kostet, da wird es schwierig.

Visionen

Jetzt müssen wir natürlich wieder die Unwissenheit von den Auswärtigen mit auf dem Plan haben. Die sehen von außen vielleicht nur, dass es hier viel zu tun gibt, und denken, das pack ich an! Und dann stellen die sich vor, wie sie Städteplanung machen könnten, wo die Stadtteile nicht veröden; und Verkehrsplanung, wo nicht immer mehr Verkehr entsteht; und sowas wie Kulturplanung, wo man das letzte Geld nicht nur für Leuchttürme ausgibt, sondern auch noch ein bisschen was übrig hat für die vielen kleinen Kerzen, damit die schön funkeln können; und Wirtschaftsplanung, wo man die Wirtschaft fördert, aber nicht um jeden Preis. Die will der vielleicht in Bahnen lenken.

Mit einem Wort, so ein Auswärtiger, der hat vielleicht Flausen im Kopf! Und dann kommt der hier hin, oder die, und ist bald frustriert. Und das ist ganz schlecht für die Politik und für uns! Wir brauchen ja dringend Politiker, die sich und uns begeistern können!

Deshalb hier mein Rat: Wenn ihr einen kennt, der aus Pusemuckel kommt und hier Metropolen-Politik machen will, dann holt den erst mal auf den Boden der Tatsachen.

Dann erklärt dem, dass hier nach wie vor jeder für sich vor sich hinprutscht, so, wie das immer war. Und dass es in der Revier-Politik im Wesentlichen darum geht, dass jede Stadt ihr neues Einkaufszentrum bekommt und ein eigenes Konzerthaus, obwohl gar kein Geld dafür da ist. Und sagt dem, dass das im Prinzip schon erreicht ist und dass er sich hier folglich an den Füßen spielen wird. Ja, und vielleicht schreckt den das ab. Das hängt auch so ein bisschen von seinen Füßen ab, wie die sind.

Aber, ich sag mal, wenn der sich nicht abschrecken lässt und trotzdem kommt oder gerade deshalb und wenn der dann noch ein bisschen was anderes auf die Kette kriegt, praktisch was von seinen Flausen, dann ist das ein Erfolg! Herzlichen Glückwunsch!

Studieren im Ruhrgebiet

Liebe Ruhris, jetzt kommt ein Thema, wo man, wenn man kein Student ist, denkt, was juckt mich das, ich bin ja kein Student?! Aber das ist eindeutig zu kurz gedacht. Das Thema und die damit verbundenen Probleme betreffen uns alle hier im Revier!

Supergau

Man muss ja auch kein Atomkraftwerksbauer sein, um da, im Fall dass so ein Ding kaputtgeht, Strahlemann und Söhne zu machen, um es mal salopp auszudrücken. Vielleicht sogar im Gegenteil! Glaub mal nicht, dass die Tepco-Bosse in Japan ihre Eigenheime direkt neben die Fukoshima-Meiler gesetzt haben. Die werden da schon schön Abstand gehalten haben. Wenn sie schlau sind, wohnen die irgendwo auf Feuerland. Das ist weit genug weg.

Naja, jetzt will ich so eine Ruhrgebietsuni nicht mit einem Atomkraftwerk in einen Pott werfen. Das Studieren hier im Revier ist ja kein Supergau. Es kann aber zumindest für den einzelnen Studi zu einem kleinen Gau werden, aber nicht, weil der vielleicht zu faul ist, sondern weil der ein Auswärtiger ist und dann hier vor Ort mit den Bedingungen nicht so richtig klarkommt, und das geht uns eben alle an!

Nostalgie

Ich muss da mal ein bisschen weiter ausholen. Früher hat man sich das Studentenleben ja immer ganz töfte vorgestellt, und das war es ja oft auch. Man musste zwar was lernen, aber man hatte da Zeit für, und man machte das in einer gediegenen Umgebung. Die altehrwürdigen Unis, die machten schon von der reinen Äußerlichkeit was her, und so schöne Architektur, die färbt ja ab. Nimm mal zwei Leute, den einen steckst du fünf Jahre in die Uni von Oxford und den anderen in die Justizvollzugsanstalt Hamm. Und dann frag mal, wer nach den fünf Jahren besser drauf ist! Da braucht man kein Hellseher zu sein. Das liegt allein schon an der Architektur, auch wenn andere Faktoren vielleicht auch eine Rolle spielen, das will ich nicht ganz ausschließen. Jedenfalls hatte man früher nicht nur Zeit fürs Lernen, sondern auch noch für was anderes. Guck mal, die Studenten in den 60er Jahren, was die Zeit für anderes hatten! Und dann noch so schöne Sachen wie freie Liebe oder den ganzen Tag Zigaretten drehen! Student sein, das war erstrebenswert!

46

»The times are changing« – auch im Ruhrpott

Und im Ruhrgebiet strebten da natürlich auch viele Jugendliche nach, obwohl der Vatter denen vielleicht tausend Mal gesagt hatte, »werd lieber Maurer oder Tippse, so wie ich und der Oppa und der Uroppa! Dat is wat Handfestes!«.

Es gab also hier viele Jungendliche, die Studenten sein wollten, aber es gab keine Unis. Das war ja gar nicht vorgesehen gewesen. Hier sollte malocht werden! Aber nachdem der Beruf des Hauers so langsam seinen Zenit überschritten hatte, weil es immer weniger zu hauen gab, wurden doch immer mehr Stimmen laut, die sagten, dass ein paar Studierte der Gegend wohl nicht schaden würden. Die Zeiten würden sich eben ändern. Und dann wurden im Ruhrpott Unis gebaut. Aber weil hier jahrelang im Wesentlichen nur Fabriken hochgezogen worden waren oder hässliche Wohnhäuser, sahen die Unis dann genauso aus wie Fabriken. Lernfabriken eben. Und ein paar hässliche Wohnheime gab es noch in der Nachbarschaft obendrauf.

Für die jugendlichen Studis aus dem Pott war das kein wirkliches Problem. Die waren ja gewohnt, auf Stahlwerke zu gucken oder Zechen, und die wohnten vielleicht in so einem Fuffzigerjahre-Nachkriegsbau. Da zuckten die beim Anblick von der Uni-Architektur nur müde mit den Schultern. Aber für Auswärtige stellte und stellt sich das ganz anders dar.

Parkhaus-Schock

Nehmen wir mal an, eine Abiturientin kommt aus Marburg und will aus unerklärlichen Gründen in Bochum studieren. Vielleicht hat sie sich was ausgesucht, das man in Marburg nicht studieren kann. Dumm gelaufen! Jedenfalls fängt für die der Alptraum schon an, wenn sie auf die Uni zufährt, so mit der Marburger Uni im Hinterkopf, und denkt, das vor mir, das kann doch nie und nimmer die Uni sein! Das sieht ja aus wie ein Parkhaus! Das denkt die aber nur, bis sie dann in das eigentliche Parkhaus reinfährt, in die Tiefgarage des Grauens! Sowas kennt die ja nur aus Zombie-Filmen.

Wenn sie schlau ist, hält sie erst gar nicht und fährt direkt wieder nach Marburg zurück. Wenn sie doch hält und parkt, wird sie ihr Auto vermutlich nie wiederfinden. Was nicht so schlimm ist, weil man im Revier mit dem Auto ja sowieso nix ausrichten kann. Aber vielleicht hängt sie an dem Teil, auch wenn es heutzutage vermutlich eher ein japanischer Kleinwagen ist und keine Ente, und sie ärgert sich dann doch.

Aber erst mal läuft die durch die Gänge und sucht ihren Fachbereich. Und wie sie so läuft, fragt sie sich, ob ein Studium wirklich die richtige Entscheidung gewesen war, wo doch händeringend Handwerker gesucht werden. Und ich denke mal, neun von zehn Marburgern und Marburgerinnen setzen sich spätestens dann in den Zug, fahren nach Hause und werden dort allseits geschätzte und beliebte Trockenbauer.

Abreißen?

Und das können wir nicht zulassen! Und zwar nicht, weil wir den Marburgern ihr Glück nicht gönnen, sondern weil hier sowieso schon so viele junge Leute aus dem Revier abwandern. Da müssen wir welche anlocken und möglichst hier halten! Was ist zu tun? Abreißen können wir die schäbigen Unis ja nicht. Oder doch?! Es sind hier ja schon ganz andere Dinger abgerissen worden. Aber bis das soweit ist, hier erst mal mein Rat!

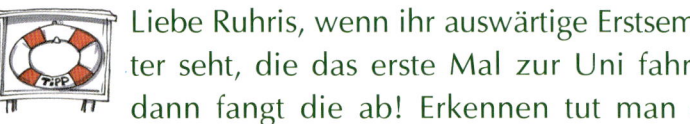

Liebe Ruhris, wenn ihr auswärtige Erstsemester seht, die das erste Mal zur Uni fahren, dann fangt die ab! Erkennen tut man die an den weit aufgerissenen, schockstarr auf die Parkhaus-Architektur gerichteten Augen und dem dicken Fragezeichen überm Kopf.

Dann winkt ihr die raus und fahrt mit denen erst mal nach Duisburg-Bruckhausen, geht mit denen da ein bisschen im alten Stahlwerk spazieren, verpasst denen dann eine rosarote Brille, die ihr immer dabei haben müsst, und begleitet die zurück zur Uni, die dann im Vergleich nicht mehr einen ganz so verheerenden Eindruck macht.

Und dann erklärt ihr denen in der Mensa bei einem Glas Rotwein, dass im Ruhrgebiet zwar vieles hässlich ist, dass aber alles wieder aufgewogen wird, durch die Buden-Kultur, den Fußball und die unfassbar liebenswerten Bewohner. Und ein Exemplar sitzt ja dann bereits mit am Tisch als Anschauungsmaterial. Ja, wir sind eben unser wichtigstes Kapital! Nicht vergessen!

Heiraten im Ruhrgebiet

Liebe Ruhris, in Bezug auf das Heiraten ist, das muss man wirklich sagen, im Ruhrgebiet einiges besser geworden. Nee, wirklich! Wobei »besser« eben relativ ist. Das bezieht sich ja auf frühere Zustände, und früher, zu Zechenzeiten, konntest du hier ja gar nicht heiraten. Jedenfalls nicht in Weiß. Es war ja alles voll mit Ruß.

Grauschleier

Da war die Braut gerade mal an der Kirche angekommen, da war aus dem Schleier schon ein Grauschleier geworden. Und auch der Rest vom Kleid war angesifft und musste in die Wäsche. Wenn die Braut da keine Klamotten zum Wechseln mitgebracht hatte, sah die aber alt aus. Andererseits machte sich so ein Umzug vor der Kirche auch nicht immer gut, je nach dem, was die drunter trug. Und es kam natürlich zu Verzögerungen, die den ganzen Tagesplan über den Haufen werfen konnten. Der Bräutigam hatte mit seinem schwarzen Anzug da schon bessere Karten. Der musste lediglich das Hemd wechseln.

Trotzdem waren das insgesamt schwere Zeiten für Brautpaare im Revier, aber noch mehr für deren Fotografen.

So eine verrußte Braut in Weiß musste praktisch auf jedem Foto mühsam von Hand nachretuschiert werden. Sehnenscheitentzündung war damals eine Berufskrankheit der Fotozunft im Ruhrpott. Viele konnten dann nur noch Beerdigungen fotografieren.

Neuschwanstein in Essen-Karnap

Aber das mit dem Ruß ist ja Gott sei Dank Schnee von gestern! Der Himmel über der Ruhr ist ja oft wirklich blau. Den Feinstaub siehste ja nich so. Ein Problem gibt es aber mit den Fotomotiven. Also, nicht in Bezug auf die Paare selbst. Die sehen genauso hübsch oder schäbig aus wie früher. Aber die wollen sich natürlich, auch oder gerade wenn sie schäbig sind, vor einem hübschen Hintergrund ablichten lassen. Und der ist eben, bei aller Liebe, nach wie vor Mangelware im Revier.

Wir Ruhris wissen das natürlich. Wir wissen, dass wir nicht alle in Witten-Herbede heiraten können, wie viele das tun, weil die da so eine schöne alte Kapelle haben. Die sind über Jahre ausgebucht. Wer so lange warten kann, hat Glück, aber viele müssen eben auch heiraten. Ja, wegen dem Ehegattensplitting. Und die müssen sich einen anderen Ort aussuchen. Irgendeine stinknormale Kirche oder ein Standesamt, wo im Hintergrund

alte Industriebauten vor sich hin rosten. Dafür haben wir unsere Strategien. Wir sagen dem Fotografen, er soll ganz nah rankommen mit seinem Fotoknips, damit man nur die Köpfe sieht, oder er soll den Hintergrund verschwimmen lassen, oder wir bringen eine Fototapete mit, hängen die an einen Kartenständer, und dann sieht man im Hintergrund Neuschwanstein, obwohl wir mit der ganzen Hochzeitsbagage vorm Müllheizkraftwerk in Essen-Karnap stehen. Alles kein Problem!

Landschaftspark ohne Landschaft

Jetzt gibt es aber immer mehr den sogenannten Hochzeitstourismus. Da wollen sich ein Mann und eine Frau, sagen wir mal aus Bösperde im Sauerland, für einen Lebensabschnitt binden, und die machen sich dann Gedanken, wo sie den schönsten Tag von diesem Abschnitt verbringen möchten, und das Wichtigste an dem Tag sind natürlich die Fotos als bleibende Erinnerung an bessere Zeiten! Paris ist da immer eine Möglichkeit oder Rom oder DomRep … Und irgendwann sagt aber einer von denen:

»Hör ma, Bianca oder Kevin, die Fotos sind schon teuer genug! Warum also noch in die Ferne schweifen, wo wir die Metropole doch mehr oder weniger vor der Haustüre haben. Wir heiraten in Duisburg. Die sollen da son tollen Landschaftspark haben! Da lassen wir dann von unserm Fotografen die Fotoserie machen mit 500 ausgewählten Motiven.«

Und dann kommen die da an, suchen die Landschaft und sind wie vor den Kopf geschlagen, weil die keine finden. Und das sieht auf einem Foto einfach nicht aus! Vielleicht stellen die sich dann noch für zwei Aufnahmen vor so ein angegilbtes Maschinenteil oder fahren in ihrer Verzweiflung noch zum Tetraeder, das Klettergerüst da auf der Halde in Bottrop, und da fliegt der Braut im Wind der Brautstrauß weg, und der Bräutigam ist nicht schwindelfrei und hängt dann da oben reihernd in den Seilen. Und alle kommen schlecht drauf, und dann hat man diese marodierenden Hochzeitsgesellschaften, wie sie oft im Ruhrgebiet in der Zeitung stehen. Und zu allem Überfluss hängen die Fotos beim Fotografen in Bösperde im Schaufenster und geben ein ganz schlechtes Bild vom Ruhrgebiet ab und von dem Hochzeitspaar auch.

Ist klar, das kann nicht in unser aller Sinne sein. Deswegen hier mein Ratschlag, der quasi zwei Fliegen mit einer Kappe schlägt: Dem auswärtigen Paar ist geholfen, und ihr verdient euch schön was nebenbei!

Also: Ihr guckt euch einen hochzeitsträchtigen Tag aus, am besten sowas wie der 12.12.2012, und postiert euch am Landschaftspark. Und wenn dann ein vor den Kopp geschlagenes Paar geschockt vor einem gammeligen Verteilerkasten steht, kommt ihr aus dem Gebüsch, und zwar mit einem Kostümverleih mit alten Stahlarbeiterklamotten. Die passen zu dem Ambiente und geben dem Brautpaar auf den Fotos eine besonders originelle Note. Die Braut trägt dann statt Schleier vielleicht eine Schweißer-Schutzmaske und der Mann klobige Sicherheitsschuhe und einen Stahlhelm, und dann lehnen beide am Kasten und stoßen mit einer Pulle Pils an. Spätestens nach der dritten Pulle sehen die ganz locker aus. Und mit solchen Hochzeitsfotos kannst du natürlich richtig Furore machen, und das nicht nur in Bösperde! Ihr müsst allerdings Fingerspitzengefühl zeigen. Nicht jede Braut will sich sofort von ihrem 5000 Euro teuren Einweg-Fummel verabschieden. Dann zeigt denen abschreckende Fotos von schwindeligen Paaren auf dem Tetraeder, Gasometer oder im Stollen vom Bergbaumuseum. Das sollte wirken!

Wann ist denn der nächste hochzeitsträchtige Tag? Der 14.14.2014? Näh! Tja … Weiß ich jetzt auch nicht.

Erfahrungsbericht
Heut habe ich mir vorgenommen, mal zu gucken, wie das ist, wenn man im Ruhrgebiet heiratet. Dann ist mir aber eingefallen, dass ich das schon zweimal gemacht habe. Also, das reicht mir eigentlich an Erfahrung.

Sport im Ruhrgebiet

Liebe Ruhris, den Spruch »Sport ist Mord« kennt ihr ja. Den kennt man ja wahrscheinlich auf der ganzen Welt, aber wir hier wissen, dass der nirgendwo so zutrifft wie bei uns im Revier. Gut, vielleicht noch in Peking, mit deren Hammer-Smog, oder in Dakar, wenn da die Fußball-WM stattfindet, und vielleicht noch in ein oder zwei anderen extremen Ecken der Welt, aber ansonsten ist der Sport im Pott wenn auch nicht immer direkt lebensgefährlich, aber doch mit am gefährlichsten!

Gefahrensport

Kannst du nehmen, was du willst. »Joggen« zum Beispiel. Da das Ruhrgebiet ja von Autobahnen durchzogen ist, joggt man im Prinzip eigentlich immer an einer Autobahn entlang. Das ist natürlich nicht gesund, wegen der Abgase, dem Lärm, und dauernd kommt ein Autobahnkreuz, wo man sich verjoggt, und wenn man Pech hat, wird man noch überfahren. Das will keiner, und das macht ja auch kaum einer, zumindest kein Einheimischer.

Oder »Fahrradfahren«! Wie gefährlich das ist, habe ich ja weiter oben schon eindrucksvoll ausgeführt.

Jetzt gibt es natürlich den Süden, also, nicht den von Europa oder vom Südpol, sondern den von Essen oder Bochum zum Beispiel. Und der Reviersüden ist landschaftlich ziemlich reizvoll, mit seinen Seen, Wäldern und der hügeligen Landschaft. Da sind sogar Autobahnen seltener. Und weil das hier natürlich jeder weiß, knubbeln sich da am Baldeneysee oder an der Kemnade alle Jogger und Fahrradfahrer und kommen sich ins Gehege, und die Inliner kommen auch noch dazu und normale Spaziergänger, als regelrechte Bremsklötze, und an schönen Tagen ist es da so voll wie in der City vor Weihnachten (siehe meinen Erfahrungsbericht im Kapitel »Einkaufen«). Da wird um jeden Quadratzentimeter gekämpft, und da ist natürlich Hauen und Stechen angesagt. Das ist noch gefährlicher als an der Autobahn!

»Schwimmen« ist genauso heikel, zumindest zu bestimmten Zeiten. Da es hier immer weniger Freibäder gibt, sind die, die noch geöffnet haben, an heißen Sommertagen so überlaufen, dass das Wasser im Becken überläuft. Schwimmen kannst du da gar nicht mehr, nur Stehen. Im Schwimmerbecken ist das nicht jedermanns Sache. Das ist dann quasi Tauchen auf dem Fleck, und das ist in der Pipibrühe schon mehr als eine Mutprobe!

Da ist man eigentlich in Flüssen und Seen als Schwimmer besser aufgehoben, trotz Durchfallbakterien, Strudeln und der Weißen Flotte. Ist aber verboten!

»Fußballspielen« kann gefährlich sein, wenn man zum Beispiel in einem Pulk von Freizeitkickern, die allesamt beinharte Schalke-Fans sind, mit einem Großkreutz-T-Shirt am Balg aufläuft. Da ist die Blutgrätsche praktisch vorprogrammiert!

Tja, ich denke mal, das reicht an Beispielen. Wir wissen ja alle, dass eigentlich nur Hallenschach als halbwegs unbedenkliche Sportart infrage kommt.

Auch Angelsport keine Alternative

Der Auswärtige ist von diesem Wissen natürlich meistens unbeleckt. Der hat vielleicht hier einen längeren Aufenthalt und denkt, der müsste in der Zeit auch mal was für seine Gesundheit tun und landet danach im Krankenhaus. Tragisch! Selbst wenn der Angelsport betreibt, ist der in Gefahr, weil der sich vielleicht völlig unbedarft mit seinen Würmern an die Emscher setzt und da in kürzester Zeit wegfault. Und das läuft dann womöglich unter Renaturierung!

Deshalb müssen so Kandidaten gewarnt werden, und ich sag mal, da müssen wir das Rad nicht neu erfinden. Womit wird meistens gewarnt? Mit Schildern! Was weiß ich, welche mit durchgestrichenen Joggingschuhen drauf oder der Aufschrift »Sport« mit einem Grabstein daneben. Jetzt gibt es aber hier schon so viele Schilder. Allein die Schilder, die vor Straßenschäden warnen, gehen in die Zigtausende. Da fällt so ein hingepflanztes Sport-Warnschild womöglich gar nicht auf. Und da der Sport hier ja eigentlich überall gefährlich ist, macht das punktuelle Aufstellen von Schildern auch gar keinen Sinn.

Deshalb meine Empfehlung:

Liebe Ruhris, tragt die Schilder mit euch rum und haltet die allen Auswärtigen unter die Nase! Aber Vorsicht, immer senkrecht halten, sonst kriegt die noch einer vor den Kopf! Obwohl, immer noch besser, als eine Sportverletzung mit Todesfolge!

Mit Öffis fahren im Ruhrgebiet

Liebe Ruhris, wir sind ja leidensfähig! Egal, ob wir mal wieder im Stau stehen, vor einer geschlossenen Stadtbücherei oder vorm Schwimmbad oder in der Schlange vor der Arbeitsagentur: Wir halten einiges aus. Wo aber einige von uns an ihre Grenzen kommen, das ist, wenn sie mit dem öffentlichen Nahverkehr unterwegs sind, also mit Bus, Bahn oder S-Bahn.

Voll die Enge!

Eigentlich ist es ja vernünftig. Es schont die Umwelt, du brauchst keinen Parkplatz und kannst während der Fahrtzeit was lesen. Das Letzte trifft zumindest theoretisch zu. Zu manchen Zeiten ist es ja im Fahrgastraum so voll, dass zwischen dich und die Nebenmänner und -frauen kein Blatt Papier mehr passt, geschweige denn ein ganzes Buch. Und selbst wenn Platz da ist, gibt es aber mittlerweile unheimlich viele Sachen, die verhindern, dass du dich auf den Lesestoff konzentrieren kannst. Das können lautstark telefonierende Fahrgäste sein, die hemmungslos ihr

Intimleben ausbreiten, oder welche, die einen Kopfhörer aufhaben und rhythmische Geräusche hören. Das kann auch ein streng müffelnder Nebenmann sein oder ein Jugendlicher, der höflich zu dir sagt, »Ich fick deine Mudder!« Dann muss man schon mal die Lektüre unterbrechen und sich auf ein pädagogisches Gespräch einlassen. Und selbst wenn man die besseren Argumente hat, ist es nicht gesagt, dass der andere sich überzeugen lässt. Stattdessen verlässt man unter Umständen lieber das Gefährt und wartet 20 Minuten auf das nächste. Wenn man Glück hat! Wenn nicht, kann es auch länger dauern.

Gründe gibt es immer wieder

Eine Verzögerung, die kann unterschiedliche Gründe haben: Blätter auf den Geleisen, ein Blödmann, der eine Zugtür blockiert, zu kalt, zu heiß, oder es ist einfach was kaputtgegangen, das nicht rechtzeitig überprüft worden ist. Ein hochanständiger Grund ist natürlich, wenn der Zugführer wartet, bis alle wichtigeren Züge vorbeigefahren sind. Und je länger man warten muss, desto voller wird der nächste Zug, und man steht wieder in der Menge wie eine Sardine in der Dose. Und vielleicht musste der Jugendliche an der nächsten

Station aus handfesten Gründen auch aussteigen, steigt wieder ein und will schon wieder deiner Mutter an die Wäsche.

Wenn dir jeden Tag so viel Gutes widerfährt, so ist das schon mehr als einen Asbach Uralt wert, dann brauchst du schon mindestens zwei, um das zu ertragen. Ruck, zuck ist man ein Säufer, und alles wegen des öffentlichen Nahverkehrs! Na ja, das ist ja in anderen großen Städten nicht viel anders, aber ein bisschen vielleicht doch. Und da sind wir schon wieder mitten im Überlebenskampf, den der einheimische Ruhrpottler vielleicht so gerade noch besteht, der unbedarfte Auswärtige, der sich mit falschen Vorstellungen auf eine Reise durch das Ruhrgebiet begibt, aber vielleicht nicht.

Großstadt geht anders!

Nehmen wir mal an, der Auswärtige kommt aus München, wo alle naselang was fährt und man sich gar nicht beeilen muss, um was zu kriegen, weil, wenn man was verpasst hat, kommt ja gleich wieder was. Und der denkt sich natürlich, dass das in der Metropole Ruhr genauso sein muss, wo doch hier noch viel mehr Menschen leben, die alle transportiert werden wollen. Und das ist eben ein Denkfehler. Selbst wenn nix schiefgeht, wegen Blättern oder Frost oder so, »alle naselang« kommt hier nix, manchmal nur alle Stunde, und nach 19.00 Uhr kommt eigentlich kaum noch was.

Und dann muss man immer damit rechnen, dass auch mal gar nix mehr kommt, weil zum Beispiel einer beim Baggern einen Blindgänger gefunden hat. Und damit meine ich jetzt nicht »beim Anbaggern«, obwohl man da auch öfter auf Blindgänger trifft. Ich spreche natürlich vom Ausbaggern.

Oder man stellt auf einmal fest, dass genau unterm Hauptbahnhof Schacht Sowieso entlangläuft und dass, wenn man nicht ganz schnell aktiv wird, der nächste Zug ausnahmsweise mal nach unten abbiegt. Sowas gibt es hier alles, und deshalb kann im Revier jede Verbindung die letzte sein. Da ist Eile geboten!

Endstation Drogensucht

Wenn ihr also, liebe Ruhris, an eurem Hauptbahnhof mal einen seht, der es nicht eilig hat, dann kommt der wahrscheinlich aus München. Und wenn man den einfach so laufen lässt, wird der über kurz oder lang umgerannt, von Leuten, die sich hier auskennen und dementsprechend rennen, und der kommt vielleicht nicht mehr hoch und ist irgendwann völlig platt. Oder

er verpasst den letzten Anschluss vor dem nächsten Tagesbruch, strandet am Bahnhof und wird aus lauter Verzweiflung drogensüchtig.

 Was tun? Solche selbstmörderischen Trödler muss man antreiben. Meistens reicht es schon, hinter dem herzugehen und irre zu lachen. Da werden die meisten schon deutlich schneller. Wenn das nicht hilft, hilft in der Regel eine Stecknadel oder, für ganz harte Fälle, ein Elektroschocker, mit dem man ein bisschen Saft auf den Münchener gibt. Das hört sich erst mal drastisch an, aber im Endeffekt wird derjenige dankbar sein. Spätestens, wenn er am nächsten Tag in der Zeitung liest, dass kurz nach seiner Abfahrt im Nahverkehr mal wieder gar nix mehr ging!

Erfahrungsbericht

Heute werde ich mal wieder die städtischen Verkehrsbetriebe in Anspruch nehmen. Das Autofahren im Ruhrgebiet kann einen ja groggy machen, nicht nur wegen der ständigen Baustellen und Staus, sondern auch wegen der vielen unfähigen Verkehrsteilnehmer. Mir fällt das immer wieder auf, dass die meisten Autofahrer nicht so gut fahren wie ich, und viele können sogar überhaupt nicht fahren. Da bin ich wirklich eine Minderheit. Das werden die meisten anderen Autofahrer sicherlich bestätigen.

Jedenfalls will ich mit der S-Bahn erst mal zum Essener Hauptbahnhof, was eigentlich schneller geht als mit dem Auto, und dann weiter mit der U-Bahn. Die S-Bahn kommt dann auch nur ein paar Minuten zu spät und ohne dass ich mich über lästige Durchsagen ärgern muss, von Durchsagern, die meinen, dass sie die Fahrgäste unbedingt über die Verspätung informieren müssten. Mein Gott, als Wartender merke ich doch, wenn nix kommt.

In der S-Bahn mache ich was Untypisches und versuche, einen Platz direkt in der Nähe von Mitfahrenden zu ergattern, die gerade telefonieren. Ja, für einen Autor sind das unschätzbare Anregungen, die einem da gratis gegeben werden.

»Da würd ich en klaren Schnitt machen!«, sagt ein Mann mit mehr Haaren am Hals als auf dem Kopf gerade in sein Handy.

Sofort werde ich neugierig. Handelt es sich um einen freundschaftlichen Beziehungskisten-Rat, um einen kollegialen Tipp eines Chirurgen oder um ein vertrauliches Gespräch unter Auftragskillern? In der S-Bahn kannst du mit allem rechnen.

»Ich würd nich en Moment zögern«, sagt der Mann. Das macht die Sache nicht klarer. Dann hört er einen Moment in sein Handy und lacht komisch.

»Du alten Halsabschneider!«, platzt es aus ihm raus. Damit ist der Fall klar!

Kurze Zeit später hält die S-Bahn auch schon im Hauptbahnhof. Das merkt man daran, dass ungefähr 15 Leute um mich herum in ihr Handy sprechen und sagen, dass sie jetzt gerade am Hauptbahnhof sind. Ich quetsche mich durch die vor der Zugtür wartende Menge, höre, wie eine Mutter, die noch in der Lage ist für Erziehung, zu ihrem Sprössling sagt, »ers aussteigen lassen, du Blödmann!« und hetze dann die

Treppen zur U-Bahn runter. Eine elektronische Anzeige sagt mir, dass meine Bahn in 3 Minuten einfahren wird und ich mich also gar nicht beeilen muss. So eine Anzeige ist eine prima Erfindung!

Nach 2 Minuten komme ich gemütlich auf dem U-Bahn-Bahnsteig an. Allerdings wurde ich unterwegs von anscheinend Bekloppten mit Stecknadeln gepiekst und in einem Fall sogar mit einem Elektroschocker traktiert. Unfassbar!

Auf dem Bahnsteig befindet sich schon wieder eine Anzeigetafel, die mir sagt, dass meine Bahn in 3 Minuten einfahren wird. Ein bisschen irritiert lasse ich meinen Blick schweifen. Die anderen Wartenden wirken ganz ruhig. Vielleicht ist ja nur auf dem Weg hierhin die Zeit nicht vergangen, hier aber schon. Wie es scheint, gibt es jedenfalls keinen wirklichen Grund zur Beunruhigung.

Nach weiteren 5 Minuten springt die Anzeigetafel um und verkündet, dass meine Linie in 2 Minuten jetzt aber wirklich kommen wird. Ein Mann packt daraufhin sein Rasierzeug aus, seift sich seinen 3-Tage-Bart ein und rasiert den Schaum und die Stoppeln mit einer Klinge und ohne Spiegel ab. Zirkusreif!

Ich sehe eine Dame, die einen Campingtisch vor sich aufgebaut hat. Seelenruhig packt sie ein Bütterchen und eine Thermoskanne samt Becher aus, gießt sich Kaffee ein und beißt anschließend mit Schmackes ins Schnittchen.

Jetzt werde ich doch unruhig. »Warten Sie zufällig auch auf die 111?«, frage ich den Mann.

Der nickt und drückt sich dabei ein bisschen Schaum auf die Krawatte.

»Wird noch dauern«, sagt er und zeigt mit seinem Finger auf die Anzeige.

»Steht ja da auch«, sage ich und lache hilflos.

Der Mann wischt mit einem Handtuch Schaumreste vom Hals, Kinn, von den Wangen und der Krawatte, verstaut die Sachen in seiner Aktentasche und beginnt dann, ein Kreuzworträtsel zu lösen.

Ich schaue auf einen Info-Bildschirm, der mir sagt, dass draußen ein wolkenloser Tag ist mit einer super angenehmen Temperatur von 24 Grad. Deswegen bin ich ja auch unterwegs, um ein bisschen ins Grüne zu fahren bei dem töften Wetter.

Die Frau fängt an zu bibbern und zieht sich eine Jacke über. Hier unten merkt man wirklich nichts von den Außentemperaturen. Bei Frost oder Hitze ist das bestimmt toll!

Dann springt die Anzeigetafel um.

»Linie 111 sofort«, steht da.

»Oh!«, sage ich zu dem Rasierer, »jetz aber!«

»Nicht mehr jung und Biersorte. 3 Buchstaben.«

Er guckt mich fragend an.

»Alt«, sage ich.

»Ja sicher!«

Er schlägt sich mit der flachen Hand vor die Stirn und schreibt. Dann guckt er wieder in sein Rätsel. Ich gucke in den Tunnel, wo die Bahn rauskommen soll. Alles schwarz. Ich gucke auf meine Armbanduhr. Eine Minute vergeht, dann vergeht noch eine. Ich gucke wieder in den Tunnel und frage mich, wie lang der Zeitraum »sofort« wohl sein kann, der ja eigentlich gar kein Raum ist, sondern ein Punkt?

»Anscheinend kann der länger sein, als man gemeinhin denkt«, sage ich zu mir.

Ich muss an Einstein denken. Wie ist der Mann bloß auf seine Relativitätstheorie gekommen, darauf, dass die Zeit keine feste Größe ist im Kosmos? Dass die Zeit sich auch dehnen kann. Ob es damals schon Anzeigetafeln im öffentlichen Nahverkehr gab? Bevor ich darauf eine Antwort finde, springt die Tafel wieder um und zeigt das Eintreffen einer anderen Linie in 7 Minuten an. Ein älterer Opa auf einer Wartebank setzt sich eine Schlafmaske auf und macht von jetzt auf gleich Ratzemann und Söhne. Der Mann mit dem Rätselheft rasiert sich noch mal. Die Frau am Campingtisch serviert sich ein Stück Herrentorte. Ich verlasse den Bahnsteig und mache mich zu Fuß auf den Weg nach Hause. Grün ist der nicht, aber zumindest habe ich das Gefühl, dass beim Gehen ganz normal die Zeit vergeht.

Kontakt im Ruhrgebiet

Liebe Ruhris, wir wollen uns jetzt mal in einen Auswärtigen hineinversetzen, der hier im Revier unterwegs ist und wirklich keinen kennt. Gar keinen! Was weiß ich, vielleicht wollte er mal alleine sein. Oder sie. Das soll ja auch vorkommen. Obwohl Frauen, glaube ich, mehr zwischenmenschlichen Trubel um sich herum aushalten als Männer. Das ist so mein Eindruck.
Jedenfalls hat der Auswärtige zuhause vielleicht sieben Kinder auf der Hütte und eine Frau und die Omma, und da hat der sich gesagt: »Ich muss mal raus, irgendwohin, wo mich keiner kennt und wo mich keiner fragt, ob ich vergessen hab, neue Pampers zu kaufen. Wo ich mal richtig schön alleine sein kann!«

Anonymer Melting-Pott

Und dann kommt der ausgerechnet ins Ruhrgebiet, wo alle auf dem Haufen wohnen! Aber in solch einer Masse kann man ja manchmal ganz gut alleine sein, und dann rennt der hier rum und fühlt sich auf einmal unheimlich alleine. Also regelrecht schrecklich einsam. Vielleicht kommt er aus einem Dorf, wo sowieso jeder jeden kennt. Da ist natürlich so eine Metropole wie

wir das genaue Gegenteil und schwer gewöhnungsbedürftig. Und er guckt in die Gesichter, ob vielleicht irgendwo zufällig ein Bekannter oder noch besser die Omma dabei ist, aber das wäre natürlich ein irrer Zufall. Und vielleicht geht er aus Gewohnheit Pampers kaufen und rennt dann planlos mit den Windeln durch Mülheim-Styrum, jetzt nur mal als Beispiel, und kommt schlecht drauf.
Und vielleicht spricht er sogar jemanden an, wird aber nicht verstanden. Jetzt nicht unbedingt, weil er vielleicht aus Sachsen kommt, sondern weil die Wahrscheinlichkeit, dass man auf einen trifft, der kein Deutsch kann, in manchen Teilen des Ruhrpotts ziemlich hoch ist. Und Zeichensprache ist vielleicht nicht seine Sache, und das verstärkt natürlich das einsame Gefühl noch. Und wenn er Pech hat, verliert er erst die Orientierung und dann die Nerven und erschießt sich oder, noch schlimmer, fährt wieder nach Hause, wo sofort der Trubel weitergeht, und er hat sich aber gar nicht erholt. Beides ist nicht erstrebenswert.

Käse-Kontakt

Klar, wir Ruhris würden da nicht in Panik verfallen. Wobei wir ja als Ruhris auch keine Auswärtigen wären, von daher hinkt der Vergleich ein bisschen. Jedenfalls wissen wir, das wir über kurz oder lang auf jeden Fall Kontakt kriegen, ob wir wollen oder nicht. Wir müssen nur an die richtigen Orte gehen. Zum Beispiel auf den Markt! Auch wenn die Schlange hinter uns noch so lang ist, wird der Käsehändler nicht umhinkönnen und uns in ein Gespräch verwickeln, im Laufe dessen er uns seinen Käse probieren lässt und nebenbei seine Lebensgeschichte erzählt. Dasselbe kann einem im Taxi auch passieren, nur ohne Käse. Da muss man allerdings mehr Glück haben, weil, es gibt auch stille Taxifahrer, und es kostet natürlich unter Umständen mehr als ein Stückchen Gouda. Es gibt aber für die Kontaktaufnahme einen sicheren Ort, wo es zwar auch etwas kostet, aber man hat auch richtig was davon.

 Also wenn ihr, liebe Ruhris, einen Auswärtigen seht, der mit Windeln rumrennt und einen einsamen Eindruck macht, dann schickt den in die nächste Eckkneipe! Wobei eine Eckkneipe natürlich nicht unbedingt an einer Ecke liegen muss. Das ist ein ruhrgebietstypisches Kuriosum.

Für alle Auswärtigen hier zur Erklärung: Eine Eckkneipe ist so eine olle Kneipe, wie sie eigentlich am aussterben ist, wo ein paar verwitterte Gestalten an der Theke stehen und Pils und Korn trinken, und der Wirt oder die Wirtin ist noch verwitterter und trinkt ordentlich mit. Und alle paar Minuten geht einer raus eine rauchen. Das war natürlich bis vor kurzem noch anders; da wurde drinnen gepafft, was das Zeug hielt. Aber so ein richtiger Eckkneipengänger, der lässt sich auch von einer rauchfreien Zone nicht abschrecken, der qualmt dann eben vor der Tür.

Und wenn der Auswärtige euern Ruhri-Rat beherzigt, was man nur hoffen kann, und der setzt sich in die Kneipe, dann kann der sicher sein, dass es bei dem lebenden Inventar da drinnen um wichtige Themen geht, bei denen auch seine Meinung gefragt ist, und über kurz oder lang wird er aufgefordert werden, zum Wetter Stellung zu nehmen. Oder zum aktuellen Stand der Bundesligatabelle. Und natürlich haben die anwesenden Ruhris sofort registriert, dass der neue Gast kein Einheimischer ist und dass der sich ein bisschen alleine fühlt, und für sowas haben wir hier ja viel Verständnis. Den meisten, die hier wohnen, ging es ja mal genauso. Und natürlich muss der Gast dann mit den heimischen Spezialitäten vertraut gemacht werden, zum Beispiel mit dem »Steeler Krieger« oder einem »Fiege«-Pils. Und um nicht dauernd an die Rinne zu müssen, macht vielleicht einer den Vorschlag, sich die Windeln umzuschnallen, und schon ist Stimmung in der Hütte!

Und dann werden natürlich auch die Lebensgeschichten erzählt, immer in Verbindung mit wichtigen Fußballereignissen, wie einem Aufstieg, einem Abstieg, einem Pokalendspiel oder einer Meisterschaft der eigenen Mannschaft. Und das klingt dann so, als wäre der Betreffende wirklich mit dabei gewesen.

»Und eine Woche nach mein Bandscheibenvorfall ham wir dann trotzdem den Pott geholt!« So Sprüche eben. Und es dauert nicht lange, da hat der Auswärtige das Gefühl, er wäre selbst auch mit dabei gewesen, und weg ist die Einsamkeit!

Und irgendwann, da tun dann die Spezialitäten ihre Wirkung, und man steigt mehr oder weniger auf Zeichensprache um, und dann ist es auch kein Problem mehr, wenn einer kein Deutsch kann.

Tja, und am nächsten Morgen hat der Sachse aus dem Dorf natürlich einen ausgewachsenen Kater, aber trotzdem fühlt er sich irgendwie tierisch gut. Und so eine Sache, das muss man sagen, die findest du nicht so oft in Kneipen von anderen Landesteilen, das ist schon Ruhrpott spezial!

Tiere um Ruhrgebiet

Liebe Ruhris, wenn man über Tiere im Ruhrpott spricht, fällt nicht nur uns als Erstes das sogenannte »Rennpferd des kleinen Mannes« ein. Mit »kleiner Mann« ist hier allerdings nicht der Jockey gemeint, der ja in der Regel ziemlich klein ist; nein, »klein« bezieht sich nicht auf die körperliche Größe, sondern die, sagen wir mal, gesellschaftliche. Und mit »Rennpferd« ist natürlich die Taube gemeint. Unter Promis und Millionären waren und sind Taubenzüchter eine Seltenheit. Wobei das ja schon eher ein Phänomen der Vergangenheit ist. Die große Zeit der Taube als Rennpferd ist vorbei, ganz zu schweigen von ihrer Nebenbeschäftigung als Briefzustellerin. Da haben ihr die Post und DHL längst den Rang abgelaufen. Wobei ja allgemein gar nicht mehr so viele Briefe geschrieben werden. Dafür lassen sich die Leute alles schicken. Aber als Paketzusteller hätte eine Taube überhaupt keine Chance.

Auf den Hund kommen

Na ja, ich schweife ab. Worauf ich hinauswill, ist, dass es immer noch eine Unmasse Tauben gibt im Revier, dass aber eine Statusverschiebung festzustellen ist. Die Bezeichnung »Luftratte« spricht da Bände. Gemeint ist damit, dass die Taube als nicht besonders reinlich gilt. Dabei sind Tauben in Sachen Verschmutzung gar nicht so ein Problem, zumindest nicht im Vergleich mit anderen Zweibeinern, wie uns Menschen, oder auch mit Vierbeinern. Und da bin ich beim eigentlichen Knasuskaktus im Pott, dem Hund, beziehungsweise seinen Ausscheidungen. Seriöse wissenschaftliche Prognosen sagen, dass wir in hundert Jahren alle in Hundescheiße ertrunken sein werden. Keine schöne Vorstellung. Aber einen Vorgeschmack darauf bekommt man heute schon. Wir Ruhris haben gelernt mit diesen allgegenwärtigen Hundewürsten zu leben, bislang zumindest, aber für einen Auswärtigen ist das vermutlich eine traumatische Erfahrung, wenn er hier von einem Haufen in den nächsten tapert.

Unser Dorf soll schöner bleiben!

Das trifft natürlich nur auf Dörfler oder vielleicht noch Kleinstädter zu. Ein auswärtiger Ballungsgebietler hat da natürlich schon eigene einschlägige Erfahrungen gemacht. Nehmen wir also noch mal das Beispiel »Dorf«. Da gibt et ja viel weniger Menschen und dementsprechend auch zahlenmäßig weniger Hunde, in einem kleinen Dorf manchmal nur zwei oder drei. Wenn da ein Halter seine Hundescheiße auf dem Gehweg liegen lassen würde, könnte der nach Art und Größe des Haufens sofort identifiziert und vom Dorfmob zur Rechenschaft gezogen werden. Deswegen macht der das sofort weg. So ein deutscher Dorfgehweg, der ist wie geleckt!

Haufenweise Haufen

Und mit diesem Hintergrund macht sich so ein Dörfler dann auf den Weg ins Ruhrgebiet. Vielleicht hat er sich auf eine Taubenplage vorbereitet und eine Nagelreihe im Gepäck. Auswärtige hinken der rasanten Entwicklung im Revier ja meistens hinterher. In Alpträumen hat er sich auf einer Ruhrgebietsbank sitzen sehen, wo er von Taubenhorden belagert und verdrängt wurde. Wenn man da um sich herum Nagelreihen auslegen kann, ist man nicht nur im Traum auf der sicheren Seite, was Taubenattacken anbelangt.

Tja, da hat er sich eben falsch vorbereitet. Er ist nämlich noch nicht ganz aus dem Zug gestiegen, da bleibt er schon im ersten Haufen Hundescheiße stecken, den irgendein Beißer nach einer langen Zugfahrt da abgelassen hat. Und so geht das weiter. Der Dörfler ist ja nicht gewohnt, so wie wir, den Blick ständig nach unten gerichtet zu halten. Im Übrigen will der ja auch was sehen vom Ruhrgebiet. Wir wissen ja, dass es gar nix zu sehen gibt, und ein richtiger Ruhri hat ja auch schon alles gesehen, aber für den Dörfler sind die vielen alten Industriedenkmäler ja vielleicht noch aufregend.

Gebrandmarkt

Jedenfalls dauert es nicht lange, da stinkt der Dörfler zehn Meilen gegen den Wind, dass man sofort erkennt, aha, der kommt vom Dorf! Und dann wird der natürlich gemieden. Dann hilft es auch nicht, wenn der sich zwecks Kontaktaufnahme in die nächste Kneipe setzt, im Gegenteil! Wahrscheinlich kriegt der da direkt Hausverbot. Und der kriegt natürlich auch kein Hotelzimmer, es sei denn, er lässt vor der Anmeldung seine Schuhe vor dem Hotel stehen. Darauf reagiert allerdings auch nicht jeder Portier positiv, und unter Umständen wird der Dörfler direkt in der ersten Nacht obdachlos. Vielleicht setzt er sich aus Verzweiflung sofort in den nächsten Nachtzug und fährt nach Hause und stinkt da auch noch alles voll, mit einem schönen Gruß vom Ruhrgebiet. Alles in allem wird das keinen guten Eindruck machen. Wie können wir, liebe Ruhris, das verhindern?

Klar ist, unvorbereitet darf der hier keinen Fuß auf Ruhrgebietsboden setzen, dann ist es schon zu spät. Der muss sich also im Vorfeld ausrüsten. Instruiert den also demenrsprechend! Eine Möglichkeit der Scheißabwehr bieten Gummistiefel und ein mobiler Kärcher, womit er den Hundekot alle fünf Minuten abspritzen kann. Das ist natürlich zeitaufwendig, und schleppen muss man den 50-Liter-Wasserbehälter ja auch die ganze Zeit.

Deshalb wird vielleicht manch einer das Laufen auf Stelzen bevorzugen. Da reicht es dann natürlich nicht, wenn der das auf der Hinfahrt im Zug ein bisschen übt. Da muss er schon rechtzeitig Zeit investieren. Dafür hat er aber unter Umständen den Grund-

stein gelegt für eine attraktive Nebenbeschäftigung als Zirkusartist oder Kinderanimateur. Empfehlenswert! Wenig empfehlenswert ist allerdings die reine Beschränkung auf eine Bus- oder Ballonfahrt. Da setzt der Dörfler zwar keinen Fuß auf unseren verkackten Boden hier, kriegt aber auch das Wesentliche vom Revier nicht mit, und das sind immer noch wir Ruhris!

Erfahrungsbericht

Ich bin unterwegs, um zu gucken, ob das mit der Hundescheiße wirklich so schlimm ist, wie von mir im vorigen Kapitel behauptet wurde, und zwar bin ich in einem Essener Stadtteil unterwegs, dessen Name der Redaktion bekannt ist. Ich versuche, mich auf einem Bürgersteig fortzubewegen, der gesäumt ist von einigen Schaufenstern. Aber erst mal stehe ich nur da, um einen Eindruck von der Problematik zu kriegen.

In meinem optischen Einzugsbereich entdecke ich auf Anhieb drei Stinkbomben, die von den tierischen Bombenwerfen mit viel Gespür für Ästhetik nach den Regeln des Goldenen Schnittes auf dem Gehweg platziert wurden. Vielleicht ist es aber auch nur Zufall.

Die Passanten, zumeist wohl erfahrene Ruhris, umschiffen die Fallen gekonnt, haben allerdings auch fast alle den Blick streng auf den Boden geheftet. Nur ganz wenige schauen in die Schaufenster und bewegen sich dabei trotzdem mit schlafwandlerischer Sicherheit an den Kothaufen vorbei. Das ist eine Meisterschaft, die man nur durch jahrzehntelange Übung erreichen kann.

Hin und wieder wanken Menschen auf Stelzen an mir vorbei. Manche haben ein Paket Pampers auf den Rücken geschnallt. Das müssen einsame Auswärtige oder frisch Zugezogene sein, die einen Säugling ihr Eigen nennen. Mangels hinreichender Vorbereitung kommt es immer wieder zu Stürzen, die aber angesichts von ansonsten drohender Obdachlosigkeit gerne in Kauf genommen werden. »Essen, Essen!«, rufe ich denen zu, damit sie wenigstens wissen, in welcher Stadt sie sich befinden. »Ich hab keine Hand frei«, antwortet eine ältere Dame, die mit ihren Stelzen ziemlich Mühe hat. Sie hat mein »Essen« wohl als Aufforderung für die Nahrungsaufnahme verstanden. Der Name dieser Stadt kann echt zum Problem werden.

Schließlich stürze ich mich selbst ins Getümmel, gehe ein paar Meter und weiche dabei geschickt einem ganzen Haufen von Hundehaufen aus. Ich muss sagen, es macht sogar ein bisschen Spaß, wenn man es als Herausforderung begreift.

Auf einmal rempelt mich ein Mann an, der mich beim Auf-den-Gehweg-Starren wohl übersehen hat. Ich strauchle und lande beim Versuch, mich abzufangen, mit der linken Hand in einem Haufen von annähernd Pferdeschiss-Größe. Ein Glücksfall, denn meine Hand hat ja kein Profil, wo die Scheiße drin steckenbleiben kann und nur mit Mühe wieder rauszupopeln ist. Allerdings bleibt mir nichts anderes übrig, als den Selbstversuch hier abzukürzen und mich auf den Heimweg zu machen.

Zwischenzeitig hat die Rushhour eingesetzt. Ich strecke meine völlig verkackte Hand möglichst weit von mir weg, und die Menschenmenge vor mir spritzt auseinander, als hätte ich die Pocken. So kommt man gut vorwärts. Das ist ein positiver Aspekt der Angelegenheit, der mir noch gar nicht bewusst gewesen ist. Toll! Man lernt immer noch was dazu!

Reinfallen und Hochgehen im Ruhrgebiet

Liebe Ruhris, jetzt kommt ein Problemfeld, das ich im Kapitel über die Öffis schon angesprochen habe und auf das ihr Auswärtige mal wieder mit ganz viel Fingerspitzengefühl vorbereiten müsst! Zum Glück haben ja die meisten von uns dieses Gefühl schon mit der Muttermilch eingesogen. Anders kämen wir hier ja gar nicht klar. Da sollte das also klappen.

Und zwar kennen wir ja alle das Problem, dass hier im Revier immer mal wieder was abgesperrt ist, und damit meine ich jetzt nicht den Gashahn, sondern Straßen oder mitunter auch ganze Stadtteile. Dass was gesperrt wird, kommt woanders natürlich auch mal vor. Da ist vielleicht eine Wasserleitung geplatzt, und dann wird mal kurz das betroffene Straßenstück gesperrt. Da geht oder fährt man dann eben außen rum, und eine Stunde später ist wieder alles behoben. Und sowas stellt sich der Auswärtige vermutlich unter »Sperrung« vor, wenn ihr versucht, das Thema behutsam anzusprechen.

Special features

Aber hier geht et natürlich um etwas Gravierenderes, das ist uns allen klar. Sicher gibt es hier auch Straßensperrungen wegen kaputter Wasserleitungen oder kaputter Straßen, Letzteres immer mehr, aber die zwei Hauptgründe für Sperrungen sind Bomben und Tagesbrüche, wobei so ein Bruch ohne Probleme auch mal nachts auftreten kann. Beide Gründe kennt der Auswärtige, der vielleicht aus einem Kaff in Niedersachsen kommt, nicht. Zum einen gibt es da keine Bomben. Die, die es hier gibt, stammen noch aus dem Zweiten Weltkrieg. Da waren wir ja hier die Waffenschmiede vom großdeutschen Bekloppten-Reich, und die wollten die Alliierten natürlich zerstören. Deswegen haben die hier jede Menge Bomben hingeschmissen, die zum Glück nicht alle hochgegangen, aber dafür im Nachhinein scheiße sind. Auf das Kaff hat keiner was geschmissen. Da war ja nix, außer dem Kaff. Da hatten die Kaff-Bewohner Schwein.

Aus den Augen …

Die nicht hochgegangenen Bomben bei uns sind dann da liegengeblieben, und irgendwer hat dann da seinen Schrebergarten draufgesetzt oder ein Häuschen, das Rathaus, ein Autobahnkreuz oder was auch immer. Und immer, wenn sowas mal abgerissen und da gebuddelt wird, stößt man auf die sogenannten Blindgänger. Und dann ist erst mal Hängen im Schacht. Und weil

eben viel gebuddelt wird, ist das Hängen ein Dauerzustand. Und die haben ja Oschis abgeworfen damals! Da ist es nicht mit einer Straßensperrung getan. Da wird dann eben schon mal ein ganzer Stadtteil stillgelegt, bis ein Bombenexperte den Oschi entschärft hat. Und wer denkt, das sei kein Beruf mit Zukunft, dem sei gesagt, dass das nur auf die zutrifft, die zittrige Finger haben. Ansonsten liegen hier noch Blindgänger für Generationen von Entschärfern.

Flächendeckend nix

Beim Stichwort »Hängen im Schacht« sind wir dann auch direkt beim anderen Grund für die Sperrungen. Das Ruhrgebiet ist wahrscheinlich so ziemlich die hohlste Gegend von der ganzen Welt, und natürlich ist das so wegen des maulwurfartigen Bergbaus, der hier alles untergraben hat. Sicher, andere Städte, wie zum Beispiel Köln mit seiner U-Bahn, arbeiten hart daran aufzuholen, aber ich glaube nicht, dass die jemals gegen uns anstinken können. Unter uns ist ja im Grunde nix, und zwar flächendeckend. Und wo nix ist, da kann auch schon mal was reinfallen, weil ja Platz da ist für den Reinfall. Und das passiert dann auch regelmäßig, besonders, wenn auch noch gebuddelt wird.

Da stößt man dann da, wo man was hinsetzen wollte, auf ein riesiges Loch. Und ganz unten im Loch liegt wahrscheinlich noch eine Bombe. Und wenn die entschärft ist, muss das Loch erst mal gefüllt werden. Das kennt man ja vom Zahnarzt, nur dass der Bergbau-Karies viel größere Löcher gefressen hat. Wenn man das alles zukippen wollen würde, müsste man so viel Erde ranschaffen, dass woanders ein riesiges Loch entstehen würde. Mit andern Worten ist das eine Beschäftigung für den Sissifuß. Der schreibt sich, glaube ich, anders, aber ihr wisst schon, wen ich meine.

Locker leben mit der Gefahr

Jedenfalls dauert das Zukippen natürlich auch seine Zeit. Deswegen kommen die bei den Bauvorhaben auch immer mit ihren ganzen Planungen durcheinander. Aber anstatt locker zwei Monate fürs Zukippen einzuplanen, denken die überhaupt nicht daran und wundern sich, wenn sie zu spät fertig werden. Zu allem Überfluss entsteht in den zuen Löchern, in denen Bergbau-mäßig längst nix mehr los ist, immer noch Grubengas, das sozusagen unter fachmännische Aufsicht abgepupst werden muss, damit nicht irgendwann der Deckel vom Ruhrpott hochgeht. Wo man weiß, dass da ein Loch ist, geht das ja auch. Aber es gibt eben auch unheimlich viele vergessene Löcher, wo vielleicht einer heimlich nach Kohle gebuddelt hat, ohne das bei der Steuererklärung anzugeben. Da wundert man sich, dass es nicht öfter Bumm macht.

Hartgesottener Menschenschlag

Liebe Ruhris, wo ich das hier alles so erzähle, wundere ich mich auch, dass wir überhaupt nachts ein Auge zumachen können. Wir müssten doch immer in Panik sein, dass wir irgendwo reinfallen oder hochgehen! Aber da sieht man mal wieder, welch ein hartgesottener Menschenschlag wird sind.

Das gilt aber eben nicht für die Auswärtigen. Nehmen wir mal an, welche wollen euch besuchen. Wenn ihr denen das Problem im Vorfeld einfach so vor den Latz knallt, dann bleiben die weg. Die wollen ja nicht lebensmüde sein. Dann sagen die, »Ruhrgebiet?, da guck ich mir lieber einen Katastrophenfilm von Lothar Emmerich an, wo alles einstürzt und ich aber dabei gemütlich im Kinosessel sitze«.

 Und jetzt kommt das Fingerspitzengefühl ins Spiel. Ihr müsst denen auf verlockende Weise klarmachen, dass man hier schon durchkommen kann, wenn man Geduld und die richtige Ausrüstung dabei hat. Geduld braucht man in jedem Fall im Fall einer Absperrung. Verklickert denen, dass es sein kann, dass der Stadtteil, in dem ihr wohnt, am Tag der Anreise unter Umständen nicht betreten werden kann. Und das nicht, weil ihr euch nicht über den Besuch freuen würdet und alles verrammelt hättet, sondern wegen Blindgänger-Fund, ja, und dass es gut ist, in so einem Fall Lesestoff und was Warmes zum Anziehen dabei zu haben, falls man an der Absperrung übernachten muss.

Sagt denen, dass selbst, wenn nix abgesperrt ist, natürlich jederzeit etwas von den oben beschriebenen Sachen passieren kann und die vielleicht live dabei sind. Deshalb gehört zur richtigen Ausrüstung natürlich auch eine Grubenlampe, damit die was sehen, wenn sie irgendwo eingebrochen sind. Dann sparen sie sich auch den Besuch im Bergbaumuseum. Wir dagegen brauchen keine Grubenlampe. Ein richtiger Ruhri kann natürlich auch im Dunkeln sehen. Das ist in der Erbmasse verankert.

Dann gehört natürlich eine Gasmaske zur Ausstattung oder zumindest ein dickes Tempotuch, das die sich im Schacht vors Gesicht halten können. Das verhindert auch, dass die sich da zur Beruhigung eine Kippe anstecken, die dann womöglich ins Auge geht. Was die zuhause lassen können, ist dagegen das Handy. Das braucht man nicht. Auf der siebten Sohle ist ja kein Netz. Dafür braucht man einen gut gefüllten Henkelmann. Bis Hilfe kommt und die so viel Erde da in den Bruch gekippt haben, dass der Besuch wieder rauslatschen kann, kann das ja dauern. Na ja, und damit die Bomben, auf die eure Gäste da unten treffen, denen nicht auf den Zünder gehen, sollten die eine Informationsbroschüre dabeihaben, wie man den entschärfen kann, den Zünder. So eine Broschüre müsste es eigentlich für alle als Begrüßungsgeschenk geben, aber da hinkt die Politik mal wieder hinterher.

Tja, derart ausgestattet kann man sich als Besuch dann eigentlich mit einem guten Gefühl hier durch die Ruhrgebietskulturlandschaft bewegen. Und irgendwie ist man dem alten Bergmann in vieler Beziehung dabei sehr nah!

Philosophieren im Ruhrgebiet

Liebe Ruhris, wie wir ja alle wissen, haben wir immer noch mit vielen Vorurteilen zu kämpfen, an denen nix, aber auch gar nix dran ist. So passt zum Beispiel für viele Nicht-Ruhrgebietler die intellektuelle Tätigkeit des Philosophierens so gar nicht zu uns. Die können sich einfach nicht vorstellen, dass einer, der nicht unbedingt Hochdeutsch spricht, zu einer Formierung eines tiefsinnigen Gedankens in der Lage ist. Das ist natürlich völliger Quatsch. Das Gegenteil trifft es schon eher. Hinter manch einer Äußerung, die oberflächlich betrachtet vielleicht als ein bisschen dösig daherkommt, verbirgt sich oft was. Und dieses »was« ist nicht ohne!

»et muss!«

Ich gebe mal ein Beispiel: Auf die Frage: »wie isset?« kriegt man hier ja oft als Antwort zu hören: »et muss«. Das ist aber nicht einfach so inhaltsleer dahergesagt, sondern wir wollen damit natürlich was sagen. Und zwar nichts weniger, als dass uns, die wir vom Schöpfer oder vielleicht auch von der eigenen Mutter in die Welt geworfen wurden, jetzt, wo wir einmal da sind, nichts anderes übrigbleibt, als uns durch den ganzen Schlamassel, den das Leben gerade im Ruhrpott mit sich bringt, durchzuboxen. Wir haben es uns nicht ausgesucht. Wer auch immer uns geworfen hat, keiner hat uns vorher gefragt, ob uns das recht ist oder ob wir nicht lieber im Breisgau oder Miami geboren wollen werden. Jetzt haben wir hier den Salat mit Feinstaub und Verkehrschaos und in der Nähe der Emscher sogar Grundwasser im Keller. Aber da die Alternative nur Aufgeben ist, das wir ja nicht in der Programmierung haben, müssen wir uns eben da durchbeißen. Beißen oder Boxen, beides geht.

Mit »et muss« machen wir also im Grunde eine profunde Aussage über unsere Natur und unser Selbstverständnis als Ruhri. Wer hätte das gedacht? Wir schon, ein Auswärtiger natürlich nicht!

»ja, nee, is klar!«

Anderes Beispiel. Da nehme ich mal einen Spruch von dem Komiker Atze Schröder, der ziemlich viel Verbreitung gefunden hat, also der Spruch. Und zwar heißt der: »ja, nee, is klar!« Jetzt denken viele, nur weil den ein Komiker aus dem Ruhrpott sagt, ist der auch lustig gemeint. Dabei ist das wieder Philosophie vom Feinsten! Die auf die Zustimmung »ja« folgende Verneinung

»nee« mit der anschließenden absurden Schlussfolgerung »is klar« macht natürlich auf raffinierte Weise und so kurz und knapp, wie es nur ein Ruhrgebietsphilosoph kann, deutlich, dass gar nix klar ist, im ganzen Kosmos nicht und erst recht nicht im Ruhrgebiet.

Also im Prinzip sagt das dasselbe wie: Ich weiß, dass ich nichts weiß. Wer hat das noch mal gesagt? Weiß ich nicht.

Quasi asiatisch

Egal! In seiner Widersprüchlichkeit wirkt »ja, nee, is klar« also praktisch wie so ein buddhistisches Koan, so ein Verwirrspruch, über den man aber endlos meditieren kann. Und das tun wir ja oft auch! Nur auf unsere Art eben, mit Pils und Korn dabei! Es sieht vielleicht so aus, als würden wir nur an der Theke sitzen, ins Nichts starren und uns ins Nirvana schießen, aber in Wirklichkeit sind wir schon halb im Jenseits, stehen kurz vor der Erleuchtung oder haben zumindest die Lampe an. Und alles durch die Meditation über den Spruch vom Atze. Wer da als Auswärtiger nicht hinterguckt und das alles nicht versteht, der meint vielleicht, er müsste sich an das vermeintlich simple Niveau anpassen, quasi als Integrierung, und der sagt dann vielleicht auch »et muss«,

nur ohne den philosophischen Hintergrund, und wenn er nicht aufpasst, verblödet der hier binnen kürzester Zeit. Und das kann nicht in unserem Sinne sein! Wir werden hier ja immer weniger. Und die, die abwandern, sind ja schon doof genug, da sollen die, die zuwandern möglichst ein bisschen schlauer sein!

Deshalb hier mein Rat: Wenn ihr einen Zugewanderten kennt, liebe Ruhris, wo ihr wisst, dass der sich wegen uns intellektuell zurückhält, dann weiht den ein, zum Beispiel mit meinem Beispiel, und ermuntert den, wenn er hier unterwegs ist, ruhig öfter mal was Philosphisches von sich zu geben. Was weiß ich, in der Schlange an der Kasse bei Aldi mal was von Hegel, der ja gerne einen flockigen Spruch rausgehauen hat, wie zum Beispiel: »Nur weil auch das Nichtdenken gedacht, A nicht = A, durchs Denken gesetzt wird, kann er überhaupt gedacht werden.« Sowas soll der ruhig mal sagen! Und ich bin mir fast sicher, dass die Kassiererin sich das interessiert anhört und dann mit so einem tiefgründigen Gesicht sagt: »ja, nee, is klar!«.

Erfahrungsbericht

Als Ratgeber darf man sich natürlich nicht zu schade dafür sein, seine eigenen Ratschläge auch mal dem Praxistest zu unterziehen, also, mal zu gucken, ob die auch funktionieren oder ob man da einen Bock geschossen hat. Deshalb bin ich im Revier unterwegs, um meine Philosophie-Empfehlung mal umzusetzen. Und zwar genauer gesagt bin ich eingekehrt in der Eckkneipe »Bei Willi«, einem Traditionsunternehmen, wo mittlerweile aber nicht mehr der Willi selbst hinterm Tresen steht, weil der im hohen Alter vor drei Jahren dement geworden ist, und nicht mehr wusste, was ein Strich auf dem Deckel bedeutet. Das hat den Laden fast in den Ruin getrieben. Dafür steht jetzt sein Sohn da, dem Willi sein Werner, und ist in vielem in die Fußstapfen vom Vadder getreten. Zum Beispiel hat der im Schankraum rein gar nichts verändert. Das sieht noch so aus wie in den fünfziger Jahren. Herrlich! Und es sind auch immer noch dieselben Gäste da. Nur ein paar weniger.

Hier sitze ich also und habe mich im Hinblick auf das Philosophieren innerlich schon mal warm gemacht, und zwar mit dem Spruch von dem Hegel, den ich ruhig noch mal üben kann, weil ich den gerne schon mal durcheinanderwerfe. Und mit einem Kurzen habe ich mich warm gemacht, genauer gesagt einem doppelten Kurzen, also fast schon einem Langen. Die alten Philosophen waren alle keine Kostverächter, und in der Tradition sehe ich mich momentan. Manchmal hat man sogar den Eindruck, die waren auf Droge, aber das ist jetzt nicht so mein Ding. Fürs Philosophieren brauche ich einen klaren Kopf, und da ist ein Klarer natürlich willkommen, aber mehr auch nicht.

Links und rechts neben mir habe ich auch schon welche ausgemacht, die am meditieren sind. Das erkennt man an den glasigen Augen. Ein untrügliches Zeichen, dass die »ja, nee, is klar« schon seit Stunden im Kopf runterbeten oder vielleicht auch »hau wech!«, das ein ähnliches Kaliber ist. Ab und an sagt mal einer was, und dann spitze ich natürlich die Ohren. Manchmal ist es aber nur ein Bäuerchen, was jetzt vom philosophischen Gehalt nicht so viel hergibt. Man muss Geduld haben. Der Ruhri klotzt nicht mit seiner Weisheit.

Jetzt hebt der Nachbar von meinem Nachbarn den Kopf, räuspert sich und haut wie aus dem Nichts einen philosophischen Kernsatz raus:

»Weiße, Willi, dat Runde, dat muss int Eckige!«

Ich bin beeindruckt. Jetzt weniger wegen des Satzes, der mir natürlich bekannt ist, als davon, dass der Willi sein Werner sich in echter Traditionsverbundenheit mit seinem Laden auch Willi nennen lässt. Wo sich alles rasend schnell ändert, freut man sich über kleine Sachen, die Bestand haben! Ich bestelle mir noch einen Kurzen, kippe den runter und bin jetzt der Meinung, dass ich mich mit meinem Philosophie-Testspruch aus dem Gebüsch wagen kann.

»Übrigens«, sage ich, »wat ich hier in erlesener Runde ma loswerden muss, is folgender Klopper: Nur weil auch dat Nichdenken gedacht, A nich = A, durchet Denken ersetzt wird … Nee, Moment, nich »ersetzt«, aber so ähnlich … Scheiße!«

Der Nachbar zu meiner Linken wendet sich mir zu. »Has du irgenswie en Problem?«, fragt er mit verqualmter Stimme.

»Ja sicher!«, sage ich, »ich krich den Spruch vom Atze, Quatsch!, vom Hegel nich mehr aufe Kette.«

»En Atze kenn ich nich«, sagt daraufhin der Nachbar zur Rechten.

»Ja, nee, is klar!«, sage ich, »aber dafür bestimmt den Hegel!«

Beide gucken mich irgendwie grimmig an. Ich setze noch mal mit dem Spruch an: »Nur weil auch dat Nichdenken gedacht …«

»Wills du uns hier verscheißern?!«, unterbricht mich dem Willi sein Werner.

»Überhaupt nich!«, sage ich. »Ich versuch nur, mich auf euer philosophischet Niveau zu begeben.«

»Ich glaub, du verpisst dich ma besser!«, sagt dem Willi sein Werner. »Beleidigen lassen wir uns hier nich!«

»Genau!«, stimmen meine Nachbarn zu und rücken ein Stück näher an mich ran.

Ich lasse mich überzeugen. Ich zahle und verlasse frustriert die Kneipe.

Das war nix! Ich denke mal, wenn man Hegel falsch zitiert, das kommt beim einfachen Ruhri einfach ganz schlecht an!

Freizeit im Ruhrgebiet

Liebe Ruhris, eines steht felsenfest: Freizeit gibt es hier viel mehr als früher! Früher wurde ja hier wirklich nur malocht, was das Zeug hielt. Arbeit gab es ohne Ende, schwere Arbeit, wo man eigentlich viel Freizeit gebraucht hätte, um die Arbeit halbwegs zu verpacken. Stattdessen gab es Überstunden und kein Wochenende. So viel kriegte man ja nicht für die Arbeit, da musste man ordentlich keulen, wenn man was schaffen wollte im Leben, zum Beispiel ein kleines Häuschen oder eine bessere Zukunft für die Blagen. Freizeit hatte da kaum einer.

Ganz unten

Dann ging es steil bergab mit der Kohle und mit der Schwerindustrie und mit der ganzen Region. Das ist schon ein bisschen her, aber trotz der ganzen Anstrengungen, die Struktur hier im Revier umzukrempeln, sind eine Menge Leute, die mit bergab gegangen waren, da unten geblieben. Und es finden sich auch immer noch Neuankömmlinge dort ein, die Kinder von denen, die unten gelandet sind zum Beispiel, denn wenn du da geboren wirst, kommst du so schlecht wieder hoch.

Oder Migranten landen da, die hier keine Arbeit finden. Es gibt eben auch nicht mehr so viel. Es gibt aber immer mehr Leute, die sich hier abgehängt fühlen, weil von dem ganzen Reichtum, der im Land erwirtschaftet wird, hier im Revier nix ankommt. Tja, und viele von denen haben viel Freizeit! Und da man nicht alles haben kann, haben die dafür oft kein Geld. Dann können die viel spazieren gehen oder auf dem Sofa liegen, aber was, was Geld kostet in der Freizeit, können die nicht machen. Die sind eben arbeitslos.

Pleite – nicht pleite

Und weil die Städte so viel für die Arbeitslosen ausgeben müssen und in den fetten Jahre nichts auf die Seite gelegt haben, sondern stattdessen Schulden gemacht haben ohne Ende, schließen die so nach und nach die Sachen, die ein Arbeitsloser vielleicht noch machen könnte, weil sie nicht so viel Geld kosten, und dann macht ein Schwimmbad nach dem andern dicht und die Stadtteilbibliotheken und die kleinen Kulturzentren um die Ecke.

Jetzt gibt es natürlich noch genügend Leute, die viel Geld haben, und für die gibt es auch jede Menge Freizeiteinrichtungen, obwohl der Trend in den letzten

Jahren wieder hin zu weniger Freizeit geht. Manche arbeiten und verdienen sich doof und dämlich, und das sogar manchmal noch freiwillig. Aber das ist ein anderes Thema. Jedenfalls kannst du hier mit Geld auf Festivals, in Konzerthäuser, Theater, Kinopaläste und Restaurants ohne Ende gehen, und manchmal hat man den Eindruck, das Meiste davon findet in alten Industriehallen statt, wo die gearbeitet haben, die sich ihre Freizeit heute nicht mehr leisten können.

 Das ist also irgendwie eine zweigespaltene Situation, auf die wir einen Auswärtigen, der hier im Revier Freizeit verbringen will, vorbereiten müssen. Aber der Ratschlag, den ihr da geben könnt, ist im Grunde völlig simpel. Der lautet einfach: Wenn einer von auswärts kommt, woher auch immer, dann darf der auf keinen Fall arm sein! Erstens haben wir hier schon genug Arme, und zweitens macht Armsein hier echt keinen Spaß. Na gut, woanders vermutlich auch nicht. Vielleicht noch im Busch. Aber wer lebt heutzutage noch im Busch?! Und auch, wenn das hier ein Großstadtdschungel ist, mit tropischem Regenwald hat das nicht das Geringste zu tun!

Partnersuche im Ruhrgebiet

Liebe Ruhris, ich denke mal, ihr werdet beim Anschauen der Überschrift sofort begriffen haben, warum dieses Ratgeber-Kapitel am Ende des Buches steht. Ich erkläre das aber trotzdem noch mal:

Paradiesisch!

Natürlich haben die allermeisten von uns schon erfahren, wie töfte man sich hier im Revier verknallen kann. Hier ist die Auswahl schon mengenmäßig groß, und das Sortiment bietet aber auch für jeden Geschmack und die verschiedensten Ansprüche was. Partnerinnen oder Partner möchte ein Ruhri eigentlich nirgendwo anders suchen müssen, das ist klar wie Kloßbrühe. Vielleicht noch im Urlaub, wo ja auch meistens viele andere Ruhris zu finden sind, aber dann ist auch gut.

Das ist aber hier im Pott natürlich nur so relativ unproblematisch, weil wir Einheimische mit den ganzen Gegebenheiten vor Ort so gut vertraut sind. Und wenn ich »ganze Gegebenheiten« sage, dann wird schon deutlich, dass im Grunde all die Problematiken, die ich in den vorherigen Kapiteln behandelt habe, bei der Partnersuche ein Stein im Weg sein können, wenn man den Stein nicht kennt. Und da kommt, wie könnte es anders sein, der Auswärtige ins Spiel, diesmal in Form von einem Single. Vielleicht geht er auch fremd, aber das soll uns jetzt hier nicht weiter jucken. Das muss er mit sich selbst ausmachen. Jedenfalls hat den irgendwie die Kunde von unseren sagenhaften Möglichkeiten in Sachen Liebe und Beziehung erreicht, und er oder sie kommt angereist und will jetzt mal sein oder ihr Glück versuchen.

Buden-Irrtum

Und jetzt fragen die sich natürlich erst mal, wo sie jemanden kennenlernen können. Und weil die wieder jede Menge Klischees im Kopf haben und denken, das Leben im Ruhrgebiet würde sich im Wesentlichen an der Bude abspielen, machen die direkt eine mehrtägige Budentour durch die gesamte Ruhr-Emscherregion, um da so einen heißen Rollmops aufzureißen, sage ich mal im übertragenen Sinn. Mal abgesehen davon, dass so eine Tour gesundheitlich aus verschiedensten Gründen nicht unbedenklich ist, ist denen nicht klar, dass, bei allen Vorzügen, die die Bude als Einkaufsparadies bietet, der Budenstammkunde nicht unbedingt repräsentativ sein muss für den gesamten Menschenschlag hier. Das ist ja oft ein Kunde, der da von morgens bis abends rumhängt, quasi zum lebenden Inventar geworden ist, und der die Budenbesitzer mit seinen zum tausendsten Mal wiederholten Dönekes in den Wahnsinn treibt. Gut, bis die Geschichten verstanden werden, muss der Kunde die auch oft wiederholen, weil der seine Stimmbänder durch langjährigen intensiven Nikotin- und Schnapsgenuss weggeraspelt hat und man den kaum verstehen kann. Das sind oft durchaus Originale, diese Stammkunden, und ein punktuelles Treffen kann auch richtig unterhaltsam sein, aber die machen letztendlich nicht mehr als vielleicht zehn Prozent der Ruhrgebietsbevölkerung aus. Na ja, lass es zwanzig Prozent sein, aber mehr bestimmt nicht.

Hürdenlauf

Aber gut, nehmen wir mal an als Gedankenspiel, ein Auswärtiger, zum Beispiel ein Mann aus dem Harz, ist an einer Bude auf ein super Exemplar von Perle gestoßen. Vielleicht ist die wirklich super, das will ich nicht ausschließen, vielleicht war die Hütte aber auch durch die Quarzerei von den Stammkunden so vernebelt, dass die Sinne von dem Harzer nicht mehr einwandfrei funktioniert haben. Jedenfalls sind die sich näher-

gekommen und haben verabredet in die nächste Runde zu gehen, sprich, es gibt ein Date. Dann warten auf den Harzer Fallen ohne Ende! Vielleicht hat er seinen Stützpunkt ja in Bochum-Stahlhausen aufgeschlagen, und die Bude steht am Arsch der Welt im Duisburger Norden, und da wohnt die Perle auch. Im Revier kommt so eine Strecke wegen der erwähnten Schwierigkeiten mit Staus, Sperrungen und Orientierung einer Fernbeziehung gleich. Wenn der Harzer das nicht berücksichtigt, kommt der zu dem Date nie und nimmer rechtzeitig an. Wenn die sich in der Bude verabredet haben, ist das nicht ganz so tragisch, weil da Zeit praktisch keine Rolle spielt, aber wenn die Perle irgendwo auf einer windigen Verkehrsinsel auf den Lover wartet und der kommt nicht, ist direkt der erste Knies in der Hütte, obwohl sie draußen steht.

Wenn die sich dann tatsächlich treffen, fragt er vielleicht mit starkem Harzer Akzent »wie isset?«, und wenn sie daraufhin sagt »et muss«, ist die Enttäuschung womöglich bei ihm direkt groß, weil er anlässlich seiner Erscheinung mehr Enthusiasmus erwartet hat. Er weiß ja nichts von den philosophischen Tiefen, die sich da in der Antwort wahrscheinlich auftun. Und so geht das mit den Missverständnissen vermutlich weiter. Er lädt sie dann zum Currywurst-Essen ein, und sie steht aber, wie die meisten hier, auf Abwechslung und hat sich auf einen Abend mit Harzer Roller gefreut. Und wenn es dann trotz allem zu Intimitäten kommt und er sich entblättert und die Unterbuxe die falschen Farben hat, ist, wie wir wissen, spätestens dann der Abend und auch die Beziehung gelaufen, bevor sie richtig angefangen hat.

Tja, wie könnt ihr, liebe Ruhris, so einem Fiasko entgegenwirken? Ich habe da lange drüber nachgedacht, und ich muss sagen, angesichts der Kompliziertheit des Sachverhalts mit all den verschiedenen Problematiken gibt es meiner Meinung nach eigentlich nur eine Rettung für den Harzer. Schenkt dem einen guten Überlebensratgeber fürs Ruhrgebiet! Tja, und wie es der Zufall will, haltet ihr gerade einen in der Hand!

Bücher vonne Ruhr

Verlag Henselowsky Boschmann
Postfach 10 02 31, 46202 Bottrop
Internet: www.vonneruhr.de
E-Mail: post@vonneruhr.de

Unsere Bücher erhalten Sie in jeder Buchhandlung. Sollte einmal eines nicht vorrätig sein, kann Ihr Buchhändler es kurzfristig beschaffen. Auf Wunsch senden wir Ihnen gerne unseren Gesamtprospekt und informieren regelmäßig über unser Angebot.

Hier eine Auswahl:

Sigi Domke und Michael Hüter
Helden sind immer die anderen
Fast tragische Geschichten aus dem Ruhrgebiet

Liesel Appel
Der Sohn des Nachbarn
Autobiografie einer Amerikanerin
aus dem Ruhrgebiet

Sigi Domke
Wie sieht denn die Omma aus?!
Märchen und andere Klassiker

Hermann Beckfeld
Ganz persönlich
Beckfelds Briefe

Heinz H. Menge
Mein lieber Kokoschinski! Der Ruhrdialekt
Aus der farbigsten Sprachlandschaft Deutschlands

Michael Hüter
Nix wie Höhepunkte
12 Expeditionen zu den Gipfeln des Ruhrgebiets

Helmut Rahn
Mein Hobby: Tore schießen
Die Autobiografie vom Boss

Lars von der Gönna
Der Spott der kleinen Dinge
»Neulich« und andere Glossen